Lettre à la génération qui va tout changer

Du même auteur

Génération gueule de bois, Allary Éditions, 2015.

Notre France. Dire et aimer ce que nous sommes,
Allary Éditions, 2016, Livre de Poche.

Les Enfants du vide, Allary Éditions, 2018, J'ai Lu.

Raphaël Glucksmann

Lettre à la génération qui va tout changer

ALLARY ÉDITIONS
5, RUE D'HAUTEVILLE, PARIS Xe

Aux millions de femmes et d'hommes déportés, torturés, suppliciés, là-bas, pour le seul crime d'être nés ouïghours,

Aux centaines de milliers de jeunes, ici, qui ont brisé le silence qui entourait les camps chinois et montré qu'un crime contre l'humanité intéressait l'humanité entière,

À vous, les enfants de 1789.

«Il leur restait donc le présent, l'esprit du siècle, ange du crépuscule, qui n'est ni la nuit ni le jour ; ils le trouvèrent assis sur un sac de chaux plein d'ossements, serré dans le manteau des égoïstes, et grelottant d'un froid terrible.»

Musset, *Confession d'un enfant du siècle*

Quelle idée d'avoir 20 ans aujourd'hui !

Enfants du crépuscule, votre monde ressemble au chaos des fins ou des origines.

Où que vous tourniez la tête, vous apercevez des ruines. Politiques, idéologiques, philosophiques.

Où que vous tendiez l'oreille, vous entendez le chant lugubre des résignés et la complainte lancinante de l'impuissance.

La catastrophe climatique ? Inexorable !

L'extinction de la biodiversité ? Irrémédiable !

La globalisation financière, les délocalisations, l'explosion des inégalités ? Inéluctables !

Le déclin des démocraties, l'érosion des droits, la montée des haines ? Irréversibles !

Partout on vous répète que c'est ainsi et que vous n'y pouvez rien. Alors à quoi bon lutter, agir ou rêver ? Pourquoi ces colères, ces enthousiasmes et ces passions ? Ne voyez-vous pas que les dés sont jetés ? Devenez adultes ! Soyez réalistes, demandez… Non, ne demandez rien. Soyez sages, soyez fatalistes. Soyez vieux !

Vous êtes dans une voiture lancée à toute blinde vers l'abîme, vous voyez le gouffre approcher et des voix plus graves, plus sûres que la vôtre assènent qu'il est inutile de vous débattre ou de crier. Vous occupez le siège passager et vous n'avez accès ni au volant ni au frein. Une ceinture sociale et mentale vous bloque. Les portes sont fermées. Vous ne pouvez même pas sauter. Vous êtes coincés.

Les patriarches repus qui vous assurent doctement que tout est foutu et qu'il vaut mieux renoncer sont les échos contemporains de la pathétique Madame Pernelle du *Tartuffe* de Molière : « Voyant de ses yeux tous les brillants baisser / Au monde, qui la quitte, elle veut renoncer / Et du voile pompeux d'une haute sagesse / De ses attraits, déguiser la faiblesse. » Ils se voient décliner et veulent vous emporter dans leur chute.

Du haut de leur Everest de démissions et de fiascos, ils vous jugent et vous font la morale. Vous seriez « individualistes », « rivés sur vos écrans », « apathiques », « égoïstes », « vains »… En bref, ils vous disent que vous n'y pouvez rien, mais que tout est quand même de votre faute.

Ce procédé est connu en psychologie sociale sous le nom de « *double bind* » : un énoncé contradictoire visant à rendre fou le récepteur. Arrêtez de vous agiter et bougez-vous ! Restez silencieux et faites-vous entendre ! Rentrez dans le moule et émancipez-vous !

Vous êtes décrétés responsables de ruines sur lesquelles on vous explique que vous n'avez aucune prise. Comme si vous étiez le problème.

C'est injuste et, surtout, c'est faux. La vérité est à l'opposé : vous n'y êtes pour rien, mais vous y pouvez quelque chose. Vous êtes libres. Libres de refuser l'héritage. Libres de tout reprendre à zéro.

Vos dirigeants portent sur leur front les stigmates de la corruption la plus vile, celle des hommes qui se vendent sans même avoir besoin d'être achetés. Revenus de tout sans avoir été nulle part, ils ont embrassé la faiblesse comme un destin. Ils ne changeront rien.

Mais vous, vous pouvez tout changer. Vous pouvez détacher la ceinture qui vous bloque, vous pouvez appuyer sur le frein, vous pouvez prendre le volant. Vous pouvez.

La petite voix en vous qui murmure « à quoi bon ? » lorsque vous voulez agir n'est pas la vôtre. Les « amis » qui se moquent de vos indignations comme de vos élans n'en sont pas. Ceux qui vous jurent que tout est déjà foutu sont de faux prophètes. Rien n'est écrit. Jamais.

Voilà ma conviction la plus intime, mon unique pari : votre irruption sur la scène politique va tout bouleverser. La situation semble aujourd'hui sans espoir mais le combat peut être gagné. À condition d'être mené. Avec passion, mais aussi avec méthode.

Je vous ai vus à l'œuvre, de Lille à Marseille, en passant par Reims, Corbeil-Essonnes, Châteaudun ou Clermont-Ferrand. J'ai vu en vous la spontanéité et la sève qui manquent si cruellement à tant de vos représentants.

De toute façon, vous savez que vous n'avez pas le choix. C'est là votre arme principale : vous savez que l'Histoire est tragique et que la politique est une question de vie ou de mort.

Le point de départ de la lettre que je vous adresse est simple : vous avez du pouvoir.

Exercez-le et vous verrez.

Vous verrez que l'impuissance n'est qu'une illusion.

Vous verrez que les murs qui vous étouffent sont en carton.

Vous verrez que vous avez les clés des portes qui vous semblent closes.

Vous verrez qu'un chemin existe et qu'il n'appartient qu'à vous de le suivre. Jusqu'au bout.

La volonté d'impuissance

Vous entendez cette musique ? Vous reconnaissez la mélodie qui vous berce depuis votre naissance ?

C'est la mélodie du renoncement. Elle est jouée partout en Europe. Et plus on s'approche des centres du pouvoir, plus on l'entend. Je la connais par cœur.

J'ai observé de près le virus qui ronge vos élites. Je suis un cas contact et je vous écris depuis un cluster.

Pour que vous touchiez du doigt le mal qui frappe notre continent, j'aimerais commencer par vous raconter un dîner, un simple dîner dans un restaurant de Bruxelles.

Nous sommes le 1er juillet 2020 et j'ai rendez-vous avec Josep Borrell, le Haut Représentant de l'Union européenne, l'homme qui incarne nos principes, défend nos intérêts et porte notre voix dans le monde. Le ministre des Affaires étrangères de l'UE si vous préférez.

Depuis de longs mois, je cherche à briser le silence qui entoure la déportation des Ouïghours et à pousser nos dirigeants à agir. Deux jours avant ce dîner, une enquête d'Associated Press a révélé que le gouvernement chinois organisait la stérilisation systématique des femmes Ouïghoures. Nous assistons à l'éradication d'un peuple et je suis là, attablé dans ce restaurant, pour savoir ce que le Haut Représentant entend dire et faire à ce sujet.

Pourquoi l'Europe refuse-t-elle tout rapport de forces avec le régime chinois ? Pourquoi sommes-nous si pusillanimes face à un crime contre l'humanité, monsieur Borrell ?

« C'est plus complexe… » Son amorce me fait sourire. Si vous saviez combien de fois j'ai entendu cette phrase. Des profs de Sciences-Po aux diplomates du Quai d'Orsay en passant par les fonctionnaires européens, leur « c'est plus complexe » rythme ma vie depuis mes 20 ans.

Le génocide des Tutsis et le soutien de la France aux massacreurs Hutus ? « Plus complexe ! »

L'anéantissement des Tchétchènes ? « Plus complexe ! »

L'invasion et l'occupation de la Géorgie ? « Plus complexe ! »

Les Syriens qui n'en finissent pas de mourir d'avoir voulu vivre libres ? « Plus complexe ! »

Les exilés qui se noient en Méditerranée ? « Plus complexe ! »

Total qui finance la junte birmane ? « Plus complexe ! »

La liste est infinie. Vous avez la vôtre, en fonction de vos préoccupations et de vos colères. À chacune de vos indignations, un homme avisé vous assure que c'est « plus complexe ». Comme si la spontanéité de votre révolte était un signe de bêtise crasse. Ne vous laissez pas impressionner : la « complexité » du réel est l'argument massue utilisé par les gens désabusés pour ne rien faire. Nos dirigeants tirent de la nature chimiquement impure de toute situation la justification de leur immobilisme, aidés par une nuée d'experts, de commentateurs, de communicants dont la mission, payée ou non, est de faire passer pour du simplisme toute forme de réaction à l'injustice.

Le Haut Représentant m'explique ensuite que nous sommes trop faibles pour assumer ce rapport de forces, que la moindre décision en Europe est une montagne à gravir, que nous ne pouvons, au fond, pas grand-chose sur pas grand-chose. Surtout face au géant chinois.

Avec une sincérité rare dans ces sphères, une pointe de tristesse dans la voix aussi, il me livre le code génétique du virus qui frappe les dirigeants européens : la résignation.

Ne vous y trompez pas : l'homme Josep Borrell n'est pas le problème. Au contraire : il est plus franc que les autres et ne rechigne pas, lui, à formuler clairement ce que ses condisciples taisent à Paris ou à Berlin.

Que dit-il donc ? Il dit qu'un continent, le nôtre, est sorti de l'Histoire. Et il a raison. L'Union européenne reste pourtant le premier marché du monde, la zone la plus riche du globe, la plus stable et la plus éduquée aussi : elle pourrait être forte. Mais elle décide d'être faible.

Convaincue d'être déclinante, elle le devient. On sous-estime l'importance de la psychologie dans les relations internationales : la puissance repose en grande partie sur la croyance en sa propre puissance, et inversement. Notre maladie est d'abord mentale. Morale.

Vous en doutez ? Appuyez un instant sur le bouton pause.

Que s'est-il passé en 2020 ? Une pandémie née en Chine a mis nos économies et nos sociétés à genoux. Deux millions de morts à travers le monde, une crise économique et sociale dont nous n'avons pas encore mesuré l'ampleur, une jeunesse sacrifiée aux impératifs sanitaires : la catastrophe venue de Wuhan est universelle. Or que sait-on de ses origines ?

Le gouvernement chinois bloque toute enquête internationale sérieuse, efface les données de ses laboratoires, refuse de transmettre les informations demandées par l'Organisation mondiale de la santé (OMS). Et, en retour, nos dirigeants n'émettent pas de protestation publique, ne cherchent pas de réponse à des questions qu'ils n'osent même plus poser. Leur attitude permet, dans un retournement lunaire, à Xi Jinping de faire du Covid-19 un argument de propagande pour le « modèle » chinois et de proclamer que son régime a passé avec brio « le test historique de la pandémie » alors que les démocraties occidentales, elles, l'ont raté lamentablement.

Nous sommes le 11 mars 2021, un an pile après le début du premier confinement. France 2 diffuse une enquête sur les origines de la pandémie. Compilant les informations disponibles, interrogeant des scientifiques reconnus, retraçant les mensonges successifs des autorités chinoises, elle déconstruit méthodiquement le récit officiel du pangolin-père-du-désastre et pointe du doigt les laboratoires de Wuhan… Mis bout à bout, les éléments avancés donnent le vertige. Je relaie l'enquête d'« Envoyé spécial » sur Twitter, peu avant minuit, en posant cette question simple : « Comment est-ce possible qu'il n'y ait pas plus de pression sur le gouvernement chinois pour obtenir plus de transparence ? Le monde a le droit de savoir d'où vient la pandémie. »

Les réactions à ce tweet banal me sidèrent. Le mot magique est lâché en deux secondes : « complotiste ! ».

Puis vient « hystérique ». Je reste coi. Depuis quand la « raison » consiste-t-elle à ne pas questionner les versions officielles, surtout lorsqu'elles sont aussi bancales et qu'elles émanent de régimes aussi opaques ? À quel moment s'est-on mis à considérer comme sage de croire sur parole les discours contradictoires et évasifs d'une dictature ?

D'autres réactions me frappent plus encore : « quand bien même Pékin aurait menti, que voulez-vous que nous fassions ? » ou « cela nous rapporterait quoi de les interpeller, sinon des ennuis ? » Des dizaines de messages disent, en gros, ceci : d'accord, le gouvernement chinois a probablement menti, et alors ? Poser des questions ou exiger des réponses serait dangereux. Faut-il donc considérer la pandémie comme une punition divine, brûler un cierge, sacrifier un bouc et accepter de ne pas savoir ?

Nous ne parlons plus là des souffrances d'un peuple lointain, nous parlons de « nos » morts, de « notre » économie, de « nos » citoyens. J'identifie sans peine l'égoïsme à courte vue qui pousse à fermer les yeux sur la déportation des Ouïghours par crainte des réactions chinoises, mais j'ai plus de mal à saisir ce qui nous conduit à regarder ailleurs quand il s'agit de nous-mêmes. De l'abandon des autres au renoncement à soi, je comprends ce soir-là que nous avons franchi un cap : le « réalisme » des « adultes » est devenu autosacrificiel.

Pour faire contre mauvaise fortune bon cœur, les hommes pondérés présentent leur couardise comme une preuve d'intelligence. C'est l'analyse fine de la situation qui les pousse à se taire quand on les agresse, voyez-vous. Pas l'absence de courage, non : la raison. Toute autre option que les yeux baissés n'est que « complotisme », « démagogie », « moraline » ou « indignation stérile ». Laisser faire, laisser passer, accepter de se faire marcher dessus, demander pardon à celui qui vous écrase les pieds : voilà à quoi l'on reconnaîtrait un esprit avisé. « Par le voile pompeux d'une haute sagesse / de ses attraits déguiser la faiblesse » : les héritiers de Madame Pernelle érigent leur consentement à l'impuissance en commandement de la raison. Leur « sagesse » nous condamne.

La guerre pour le climat n'aura pas lieu

Vous vous souvenez de votre état d'esprit au début du premier confinement ?

Tout semblait alors suspendu à un fil. Le monde était mis en pause. Nos gouvernements avaient arrêté l'économie globale pour sauver des vies. Les gens paraissaient soudain compter plus que l'argent. Au milieu de la peur et de l'anxiété, une forme d'excitation gagnait les cœurs et les âmes. Quelque chose d'inédit et d'étrange avait lieu. L'ordre des priorités s'inversait dans la société.

On vit les services publics portés aux nues par ceux qui voulaient auparavant les « dégraisser », les « invisibles » être célébrés par ceux qui les ignoraient et le soignant sous-payé devenir le héros de tout un peuple. On vit les chantres de l'orthodoxie budgétaire rejeter d'un battement de cils le carcan des 3 % qui étouffait l'Europe depuis des décennies. On vit qu'aucun fait social n'était « naturel » et que tout pouvait changer. On commença alors à rêver au « monde d'après ».

Ce phénomène s'explique fort bien. La redécouverte de la mort comme horizon individuel et collectif, dans une société qui cherche en permanence à la congédier, rompt le cours des choses. Elle ouvre le champ des possibles et remet la volonté générale au poste de commandement. Le philosophe allemand Hegel a écrit des pages lumineuses sur la manière dont la guerre régénère la cité en confrontant chacun de ses membres à sa propre finitude et à celle du tout. Lorsqu'elle éclate, les intérêts privés qui se croyaient au-dessus des lois et les communautés qui se pensaient autonomes accourent sous le parapluie commun. En voyant qu'il peut mourir demain et que sa survie dépend des autres, l'individu se rend compte qu'il appartient à quelque chose qui le dépasse : la cité.

Ce bouleversement intérieur aux nations est selon Hegel la raison principale du déclenchement des conflits militaires, avant les rivalités géostratégiques, religieuses ou économiques. En déclarant la guerre, l'autorité politique réaffirme sa prééminence et la suprématie de l'intérêt général sur les intérêts particuliers. La guerre n'est donc pas qu'un déferlement irrationnel de violence. En redonnant à la cité les moyens de chambouler l'ordre existant, elle permet parfois d'immenses avancées sociales. C'est dans les ruines de la Seconde Guerre mondiale que naquirent le programme du Conseil national de la résistance (CNR) en France et le *National Health Service* (NHS) en Angleterre. La guerre est toujours une tragédie, mais elle rappelle quelque chose d'essentiel, quelque chose que nous oublions lorsque nous vivons dans un horizon de paix perpétuelle : elle dit que le pouvoir peut et que la puissance publique prime sur les puissances particulières. Elle dit que tout est possible. Le pire comme le meilleur. Et que tout, donc, est affaire de volonté.

Vous me direz que la lutte contre la pandémie ne fut pas une « guerre » et vous aurez raison : le Covid-19 n'a rien d'une armée étrangère défilant sur les Champs-Élysées. Nous fûmes pourtant plongés, au printemps 2020, dans un état de sidération collective et de choc social proche de l'état de guerre. L'inquiétude universelle, l'inversion des priorités, l'acceptation par l'individu d'empiètements sur sa sphère privée qu'il aurait jugés insupportables en temps « normal » : le surgissement du virus a rompu le cours des choses et a esquissé la possibilité d'une grande bifurcation.

Voilà pourquoi fleurirent partout des réflexions audacieuses sur « l'après ». La conscience d'être à un tournant de l'Histoire gagna jusqu'aux cercles les plus conformistes.

Nous sommes le 18 juin 2020 : l'Agence internationale de l'énergie (AIE) et le Fonds monétaire international (FMI), deux organisations peu suspectes d'utopisme, publient un « Rapport spécial sur une relance durable ». Écoutez la présentation qu'en fait Fatih Birol, directeur exécutif de l'AIE : « Les gouvernements ont une occasion unique, de celles qui ne se présentent qu'une fois par génération, de relancer leur économie et d'apporter une vague de nouvelles opportunités d'emploi tout en accélérant le passage à un avenir énergétique plus résilient et plus propre. »

Investissements colossaux dans les énergies renouvelables, généralisation des transports propres, plan massif de rénovation thermique des bâtiments... : on croirait lire un manifeste écolo. Le rapport enjoint aux gouvernements de fixer un cap au lieu de se contenter d'injecter de l'argent dans une machine économique qui est condamnée à terme et condamne le monde avec elle.

Cette « occasion unique, de celles qui ne se présentent qu'une fois par génération », les anciens Grecs l'appelaient un *kairos*, un moment de bascule qui permet à celui qui s'en empare de tordre le destin et de reprendre le contrôle sur les événements. Un an après, posons-nous la question : nos dirigeants ont-ils saisi cette « occasion unique » dont parlaient le FMI et l'AIE ?

L'État a assumé, partout et en France plus encore qu'ailleurs, un rôle exorbitant. En déversant des milliards d'euros d'aides, il a permis d'éviter l'effondrement généralisé. Mais a-t-il essayé de transformer l'économie et la société ?

Nos dirigeants répètent depuis des années qu'ils font le maximum pour le climat, mais qu'ils ont les mains liées par la compétition globalisée, qu'ils ne peuvent dicter leur agenda aux acteurs privés, qu'ils ne sont pas des démiurges et qu'il leur faut tenir compte des rapports de forces.

Eh bien, comme à chaque grande crise, les rapports de forces se sont inversés et le politique s'est retrouvé dans une position démiurgique. Le secteur privé a eu un besoin vital d'argent public. Contraint d'abdiquer sa sacro-sainte autonomie, il est devenu malléable. Nos gouvernements auraient pu lier les aides cruciales qu'ils distribuaient à la diminution de l'impact carbone et à la restructuration des business models des grandes entreprises. Ils auraient pu enfin traduire dans les faits leurs tirades sur l'urgence climatique et la transition écologique.

Au lieu de cela, nos ministres sont allés sur les plateaux télé expliquer que ce n'était « pas le moment » de poser des conditions, qu'il fallait d'abord sauver les entreprises fragilisées et ensuite, ensuite seulement, négocier leur virage écologique. Cela revenait à attendre de ne plus avoir de pouvoir pour feindre de l'exercer. « Une occasion unique, de celles qui ne se présentent qu'une fois par génération » : une occasion ratée.

Ce nouveau rendez-vous manqué montre que la guerre pour le climat n'aura pas lieu. Pas avec Emmanuel Macron, Angela Merkel ou Charles Michel du moins. Non qu'ils soient climatosceptiques à la manière de Donald Trump et Jair Bolsonaro : les dirigeants européens sont des gens bien élevés, ils croient à la science, s'inquiètent de la banquise qui fond ou de l'Amazonie qui brûle. Ils relaient les alertes des chercheurs du Groupe d'experts intergouvernemental sur l'évolution du climat (GIEC), prennent des selfies avec Greta Thunberg et vous félicitent après vos marches pour le climat. Non, dans « la lutte contre le réchauffement climatique », ce n'est pas la partie « réchauffement climatique » qui leur pose problème, c'est la partie « lutte ».

Ce problème ne date pas de 2020. Contrairement à vous, je suis assez vieux pour me souvenir du discours de Jacques Chirac au sommet de Johannesburg en 2002 : « Notre maison brûle et nous regardons ailleurs. La Terre et l'humanité sont en péril, et nous sommes responsables. Il est temps d'ouvrir les yeux. Sur tous les continents, les signaux d'alerte s'allument. Nous ne pourrons pas dire que nous ne savions pas ! Prenons garde que le XXIe siècle ne devienne pas, pour les générations futures, celui d'un crime de l'humanité contre la vie. » Vingt ans déjà ! C'était beau et, pour un chef d'État, c'était précurseur. Ensuite ? Ensuite rien. Les mêmes accords de libre-échange, les mêmes investissements dans les énergies polluantes, la même défense acharnée d'un modèle agricole productiviste… La routine.

Comment peut-on proclamer « l'humanité est en péril » et continuer comme avant, comme si de rien n'était ? Soit nos dirigeants ne croient pas une seconde à ce qu'ils disent, soit ils sont incapables d'agir en conséquence. Or je ne pense pas que Jacques Chirac à Johannesburg en 2002 et Emmanuel Macron devant le Congrès américain en 2018 mentent sciemment. Ils savent que la situation est grave et ils veulent lui faire face. Autant que possible. Et tout l'enjeu est là : dans la définition de cet *autant que possible*. Passé à la moulinette de leurs croyances, de leur faiblesse, des lobbies et des règles du commerce international, il se traduit par *à la marge*. Nos dirigeants sont prêts à tout changer, *à la marge* !

Depuis vingt ans, chaque loi écolo, jusqu'à la loi Climat et résilience votée le 4 mai 2021, contient *autant* d'avancées que *possible*, dans un cadre général auquel il n'est pas question de toucher. La politique étant désormais la capacité d'un peuple à agir *à la marge* sur le cours des événements, elle est démunie lorsque surgissent les grandes crises, les grands périls qui exigent de grands changements. Tout est devenu trop petit, trop limité dans nos sphères dirigeantes pour relever les défis titanesques de notre temps. Habitués à être contraints par les conventions internationales, les règles de l'Organisation mondiale du commerce (OMC), les traités européens, les cours d'arbitrage, les « lois » supposées de la globalisation, habités, surtout, par une vision étriquée de leur propre rôle, nos gouvernants consentent à la catastrophe par impuissance volontaire.

Les dinosaures ont disparu à cause d'une météorite : une collision cataclysmique a provoqué une série d'éruptions volcaniques, un voile s'est étendu sur la Terre, la lumière a disparu, les végétaux avec elle et les grands reptiles se sont éteints. Quand bien même les représentants des diplodocus, tyrannosaures et autres tricératops auraient décidé de tout changer, ils n'auraient rien pu faire. Vraiment rien. Ce n'est pas notre cas. Nos représentants peuvent faire, mais ils ne font pas. Ce qui leur manque, c'est la volonté, pas les moyens.

Ce paradoxe me fascine : les hommes et les femmes qui sont prêts à tout pour accéder au pouvoir reculent d'effroi quand il s'agit de l'exercer. Ils préfèrent l'esthétique du pouvoir au pouvoir lui-même. D'où vient ce manque d'ambition des ambitieux ? Pourquoi pareil consentement à l'impuissance des puissants ?

L'adieu aux armes

Vous connaissez les lendemains de fête qui n'en finissent pas, ces jours interminables où votre corps est si douloureux et votre esprit si las que vous n'aspirez plus qu'à un repos éternel ? Chaque bruit est alors une agression, chaque pas hors de votre lit, une torture. Vous êtes si fatigués, si meurtris que vous êtes prêts à tout pour que vos sens vous laissent enfin tranquilles... Vous voyez de quoi je parle ? Eh bien, nous vivons l'une de ces gueules de bois à l'échelle d'une civilisation. L'Europe cuve une cuite de cinq siècles. Et pour comprendre sa léthargie actuelle, je vous invite à plonger un instant vos lèvres dans le vin dont elle s'enivra jadis.

La page d'Histoire qui s'est refermée juste avant votre naissance fut grandiose. Quelles que soient vos origines, même si votre arbre généalogique puise ses racines loin, très loin d'ici, vous êtes les héritiers de l'inlassable quête de liberté et de souveraineté qui façonna la civilisation occidentale. Vous êtes les enfants de cet homme étrange qui aspira à tout contrôler, tout maîtriser, tout changer : l'Européen moderne. Partons ensemble à sa rencontre.

Des peintres italiens de la Renaissance transformant la nature en paysage (la culture absorbe et recrée la nature) aux philosophes allemands du XIXe siècle donnant sens à l'Histoire (l'esprit s'empare de la matière et la façonne), en passant par les révolutionnaires français de 1789 plaçant les droits humains à l'origine du monde (le verbe politique détruit et génère le fait social), l'Européen moderne se définit par sa volonté de puissance. Aux antipodes des princes actuels qui érigent la fatalité en dogme et pensent que rien, jamais, n'est de leur faute, il se postule capable de tout, responsable de tout, point de départ et d'arrivée de toute chose.

Cet homme insatiable est né dans les ruines du cosmos médiéval. Dieu s'est retiré et il a pris Sa place. Il s'est vu comme le Créateur au premier jour de la Création. Totalement libre. Détruisant et remodelant le monde à sa guise. En France, le théâtre de Corneille met en scène l'avènement de cette civilisation fondée sur la toute-puissance de la volonté humaine. Dans sa tragédie *Cinna*, l'empereur Auguste pardonne au traître qui voulut le renverser et proclame fièrement : « Je suis maître de moi comme de l'univers / Je le suis, je veux l'être. Ô siècles, ô mémoire, / Conservez à jamais ma dernière victoire. » Son ultime triomphe est de dompter le triomphe lui-même. Il s'affirme libre en se contrôlant autant qu'il contrôle le monde. En dépassant son désir de vengeance, il ne renonce pas à l'orgueil, il atteint son stade suprême. Sa clémence n'est pas un geste d'humilité ou de charité chrétienne, elle est l'arrogance de l'homme qui entend tout dominer : l'homme absolument libre, pour lequel « je veux l'être » et « je le suis » sont synonymes.

Dans les tragédies antiques, les héros étaient confrontés au *fatum*, le destin : des forces supérieures jouaient avec leurs passions, des lois célestes contraignaient leurs choix. Rien de tout cela dans les pièces de Corneille : l'être humain est désormais seul en piste. Le tragique ne naît plus de la confrontation avec un Ciel devenu muet, mais du choc de volontés humaines débridées et contradictoires. Dans *Attila*, la princesse Honorie refuse d'épouser le roi Valamir car il n'est que le vassal du chef des Huns. Alors qu'il la supplie de l'aimer, elle lui rétorque froidement : « Enfin je veux un roi : regardez si vous l'êtes. » Valamir a le titre de roi, mais il n'en a pas le pouvoir : elle le balance comme une vieille chaussette. Soit son soupirant brise ses chaînes, fussent-elles d'or, soit il n'existe pas à ses yeux.

Son « es-tu roi ? » signifie « es-tu libre ? ». Ou, plus simple, plus radical encore : « es-tu ? ». Se reconnaître un maître, fût-il le grand Attila, c'est renoncer à vivre libre, c'est-à-dire renoncer à vivre. Peu importe le trône ou le décorum, seul compte le pouvoir d'agir. La souveraineté effective. Nous sommes loin, très loin, chez Corneille, de ces dirigeants contemporains préférant l'apparence du pouvoir au pouvoir lui-même. Selon Honorie, et toute la philosophie moderne avec elle, l'homme ne devient homme qu'en s'éprouvant libre. Libre de détruire et de recréer, libre de continuer ou de rompre. Libre de rejeter l'ensemble des opinions qui le précèdent comme le fit Descartes. Libre d'affirmer que la Terre n'est pas au centre de l'univers comme le fit Copernic. Libre de redessiner la carte du monde comme le fit Colomb. Libre de couper la tête du roi et d'effacer dix siècles d'Histoire d'un coup de gomme, comme le fit le peuple français.

Vous avez déjà entendu la fameuse question de Hamlet : « être ou ne pas être ? ». Elle signifie cela : être totalement libre d'être soi ou n'être rien du tout. Elle pose l'alternative qui structure la civilisation moderne et irrigue l'histoire européenne du XVe au XXe siècle. La liberté ou la servitude. La révolution ou l'effacement. Le palais que l'on construit soi-même ou un tas de cendres. Sans voie médiane. Soit le prince de Shakespeare brise les chaînes du passé, met à distance le spectre du père, rejette l'offre de la mère, rompt avec les conventions, soit il se résout à « ne pas être ». Rien ne doit assujettir l'homme moderne. Ni la nature qu'il soumet, ni l'ordre social qu'il génère, ni les dieux qu'il oublie. Ou ressuscite. Selon son bon vouloir.

En rencontrant Auguste, Honorie ou Hamlet, vous comprenez pourquoi la figure de Napoléon fascina à ce point les Européens. Ce petit Corse désargenté, moqué par ses camarades de classe, devenu maître de l'Europe en moins de quinze ans est l'homme moderne poussé à son paroxysme. Partir de rien, tout vouloir, devenir tout. N'être déterminé ni par la naissance, ni par la fortune, ni par les bornes de ce qui fut décrété impossible faute d'avoir encore eu lieu, redessiner les frontières d'un coup de crayon, instituer et destituer les rois en un clin d'œil, kidnapper le pape de Rome, l'amener à Paris, lui prendre la couronne des mains et s'en ceindre la tête. S'asseoir à la droite de Dieu, mais sur un trône plus haut.

Ce culte de la volonté humaine permit des progrès inouïs et engendra des catastrophes immenses. Elle façonna l'Europe, puis le monde pendant plus de cinq siècles. Mais aujourd'hui, Napoléon n'est plus qu'une statue de cire du musée Grévin ou un soldat de plomb dans un grenier poussiéreux. Les dirigeants français peuvent décider de célébrer ou d'ignorer le bicentenaire de sa mort en 2021, ils ne parlent de toute façon plus sa langue. Ni celle des héros de Corneille qui le précèdent et le préfigurent, ni celle des écrivains romantiques qui le suivent et s'en inspirent.

L'Histoire a fait son œuvre. Le rêve de souveraineté absolue s'est fracassé contre les horreurs politiques et les apories philosophiques du XXe siècle. La foi de l'homme en lui-même fut réduite en cendres dans les fours d'Auschwitz. La quête de révolution totale s'est glacée dans les goulags de Sibérie. L'aspiration à la maîtrise universelle s'est dissoute dans les crimes de la colonisation. La croyance dans le progrès s'est évaporée au contact du réchauffement climatique. L'humanité et la planète sortent épuisées de ces siècles d'hybris.

Au sortir des boucheries du XXe siècle, les cadres politiques et intellectuels européens se sont penchés sur les mares de sang léguées par leurs ancêtres et ont vu les cicatrices qui leur déformaient le visage. Ils ont pris peur et ont déconstruit les certitudes d'Auguste, les commandements de Honorie, les bustes de Napoléon et les questions de Hamlet.

L'homme qui aspire à être plus qu'un homme ? Ils virent en lui un monstre.

La révolution permanente ? Ils firent remarquer qu'elle avait formé des générations de gardiens de camps.

La foi dans la science et la technique ? Ils notèrent qu'elle avait produit un air de moins en moins respirable, une Terre de moins en moins habitable.

Icare s'est brûlé les ailes en voulant embrasser le soleil. Effrayés par sa chute, ses enfants ont juré de ne plus jamais chercher à voler. À l'injonction de Honorie – « Enfin je veux un roi : regardez si vous l'êtes » – ils ont répondu en chœur : « Fous-nous la paix vieille folle ! » Ils ont remisé au placard les rêves de leurs pères et ont supplié qu'on les laisse tranquilles. Ils veulent se reposer d'aventures qu'ils n'ont pas vécues, mais dont ils ressentent les blessures et, surtout, la fatigue, l'immense fatigue.

Dans ce mouvement de balancier typique de l'Histoire, à l'euphorie a succédé la dépression. À l'élan, le repli. À l'adoration de son miroir, le mépris de soi. À la volonté de puissance, la volonté d'impuissance. La menace de la frénésie a laissé place au risque de la léthargie, tout aussi dangereux lorsque vient le moment d'agir à nouveau. La cuite fut trop longue, trop violente. Et la gueule de bois est à sa mesure, c'est-à-dire sans mesure. En France bien plus encore qu'ailleurs.

Une déprime française

Il est temps de vous parler un peu de nous, les Français. Nous sommes bizarres. Depuis les années 1990, nous figurons selon tous les sondages en tête des peuples les plus pessimistes du monde quant à leur avenir, avec les Somaliens, les Irakiens ou les Afghans. Pourtant, Paris n'est pas Mogadiscio, Kaboul ou Bagdad. Aucune donnée concrète ne justifie un tel niveau de déprime collective. Pourquoi donc sommes-nous si sombres ?

Parce que nous sommes un peuple épique privé d'épopée. Dans cette époque sans mythe politique ni révolution, nous ressemblons à l'Albatros de Baudelaire titubant sur le pont d'un navire. Cloués au sol, nos « ailes de géant » nous « empêchent de marcher ». Obnubilés par les photos jaunies de notre majesté fanée, notre médiocrité actuelle nous plonge dans des abîmes de désespoir. Nous ne supportons pas d'être une « nation moyenne » dans un continent sans Histoire. Nos passions tristes d'aujourd'hui ne sont que les reflets de nos enthousiasmes d'hier.

La politique fut – au sens strict – notre raison d'être en tant que peuple. La France n'est pas une nation qui s'est dotée d'un État pour la réguler, mais un État qui a forgé une nation à partir d'un ensemble ethnique, linguistique, culturel disparate. Au principe de l'Italie ou de l'Allemagne, il y a une culture, une langue, un imaginaire communs : une nation infrapolitique qui finit, tardivement, par se doter d'un pouvoir commun. Chez nous, c'est l'inverse : au commencement, il y a la volonté politique. C'est elle qui a façonné un territoire, décrété une langue, unifié une culture, forgé un peuple. Quand elle s'efface et se soumet, tout perd sa saveur et son odeur. Ne plus croire dans la politique est un problème pour nos voisins, c'est une tragédie pour nous.

Nous sommes les enfants de ces députés qui, le 26 août 1789, proclamèrent dans la Déclaration des droits de l'homme et du citoyen que tous les hommes naissaient libres et égaux. Ils savaient pertinemment que rien, dans les faits, ne venait soutenir leur assertion : concrètement, les hommes étaient partout dans les fers. Mais, convaincus que leur verbe pouvait fracasser le réel, ils décrétèrent l'émancipation universelle : « Les Représentants du Peuple Français, constitués en Assemblée nationale, considérant que l'ignorance, l'oubli ou le mépris des droits de l'Homme sont les seules causes des malheurs publics et de la corruption des Gouvernements, ont résolu d'exposer, dans une Déclaration solennelle, les droits naturels, inaliénables et sacrés de l'Homme… » Pas du citoyen français, de l'Homme en soi. Proclamant dans la foulée « la nécessité de porter assistance à tout peuple désirant briser ses chaînes », ces députés ont coupé l'Histoire en deux, plaçant le verbe politique à l'origine du monde.

La colonne vertébrale de notre Histoire est cette foi inébranlable dans la politique. Quand elle s'évapore, quand la volonté générale s'efface devant les intérêts particuliers, quand la cité ne peut plus agir qu'*à la marge* sur le cours des choses, que nous reste-t-il ? De la mélancolie et du ressentiment. Voilà pourquoi nous supportons moins encore que les autres Européens la faiblesse de nos dirigeants. Nous avons besoin de récits épiques pour nous rendre aux urnes. Chez nous, les Jean-Luc Mélenchon battront toujours les Benoît Hamon et les Alain Juppé ne seront jamais élus Présidents.

Nous recherchons sur les lèvres du candidat que nous embrassons le goût du vin bu jadis. Un souvenir d'ivresse. Juste un souvenir. Nous attendons qu'il nous fasse croire ou au moins nous permette de feindre de croire à un nouvel envol, quitte à le brûler vif juste après son élection, lorsque nous réalisons que nous sommes toujours obligés de marcher. Le triomphe des idées réactionnaires et des prêcheurs du déclin est d'abord le fruit d'une immense nostalgie. « Quand le ciel bas et lourd pèse comme un couvercle / Sur l'esprit gémissant en proie aux longs ennuis / Et que de l'horizon embrassant tout le cercle / Il nous verse un jour noir plus triste que les nuits » : nous nageons en plein « spleen » baudelairien. L'Espérance, « se cognant la tête à des plafonds pourris », se mue en colère, puis en Angoisse : en dépression.

Nous étouffons dans ce monde de fonds de pension sans visage et d'actionnaires sans âme. Nous étouffons et nous avons l'impression d'avoir été colonisés par des idées, des doctrines, des pratiques étrangères. Nous nous voyons comme les victimes expiatoires d'une époque inventée par d'autres, pour d'autres. Et d'abord par et pour les Anglo-Saxons. Il est vrai que le néolibéralisme, – idéologie réduisant l'homme à un *homo œconomicus* et plaçant les règles supposées du marché au-dessus du politique –, est né aux États-Unis, fut théorisé par les économistes de l'école de Chicago, puis porté au pouvoir par Ronald Reagan et Margaret Thatcher. Il est incontestable que la langue de la globalisation financière, qui a tant sapé le pouvoir des États, fut d'abord l'anglais. Mais sommes-nous réellement étrangers au mal qui nous frappe ? Ne sommes-nous vraiment que des losers et des victimes ?

C'est l'histoire que nous aimons nous raconter. Elle est en grande partie fausse. Nous avons nous-mêmes œuvré méthodiquement à désosser l'épopée qui nous a façonnés. Ce sont des philosophes français qui se sont attaqués les premiers à l'universalisme et aux Lumières. Ce sont les « French Studies » qui imposèrent le postmodernisme dans les universités occidentales. C'est Jacques Derrida qui apprit aux étudiants américains à déconstruire les concepts clés et les récits fondateurs de la modernité européenne. C'est Jean-François Lyotard qui congédia officiellement « le grand héros, les grands périls, les grands périples et le grand but » sans lesquels il n'y a plus de grande politique possible. Ce qui prend à nos yeux l'apparence d'un rapport au monde « américain » vient en réalité souvent de chez nous. Les campus de là-bas n'ont fait que systématiser, simplifier, « rebrander » une offensive philosophique née ici.

Nous nous plaignons à juste titre de la perte de souveraineté des États à l'ère de la globalisation. Mais nous oublions souvent que ce sont des sociaux-démocrates français – pas des ultra-libéraux américains – qui ont rédigé la charte de Marrakech présidant à la création de l'Organisation mondiale du commerce. Ronald Reagan et Margaret Thatcher ont lancé la révolution néolibérale dans les années 1980 aux États-Unis et en Angleterre, mais ce sont des enfants de la gauche française qui l'ont globalisée et gravée dans le marbre des traités internationaux dans les années 1990. En prétendant imposer des règles au commerce international, ils ont imposé les règles du commerce à la politique. Nous n'avons pas été colonisés par une idéologie étrangère, nous avons contribué activement à ériger l'impuissance en norme.

Pourquoi avons-nous ainsi cultivé le virus qui nous tue ? Par fatigue, encore et toujours. Devenus trop faibles pour être à l'avant-garde de l'Histoire, nous avons déconstruit l'idée même d'Histoire bien avant que l'universitaire américain Francis Fukuyama n'annonce sa Fin après la chute du Mur de Berlin en 1989. Ne pouvant plus faire de révolution, nous avons démantelé le concept de révolution. N'étant plus capables d'épopée, nous avons tout réduit au rang de drame bourgeois. La faiblesse de nos dirigeants politiques actuels est le résultat de ce long suicide intellectuel et culturel. Elle n'est que le symptôme d'une crise bien plus profonde : une crise de civilisation.

Pourquoi ne pas se satisfaire de cette impuissance ? Ne devrait-on pas apprendre à aimer la médiocrité ?

A-t-on vraiment besoin de héros et de mythes ? Après tout, n'est-il pas préférable de vivre sous le règne de François Hollande que sous la férule de Napoléon Bonaparte ? Un monde sans épopée serait viable, et même souhaitable si aucun péril majeur ne s'esquissait à l'horizon. Sans la catastrophe climatique, sans l'essor des régimes autoritaires et des idéologies antidémocratiques, sans le terrorisme global, sans la perspective de l'effondrement de nos cités, le repos serait l'option la plus rationnelle. La plus sage. Mais vous savez que c'est impossible. Vous savez qu'il vous faudra, sans nier les incendies qu'elle a générés, raviver la flamme qui brûla vos ancêtres. Et, à votre tour, écrire votre propre récit.

Le discours de la méthode

Vous êtes perdus au milieu d'une forêt dense et sombre, sans carte ni boussole. La nuit étend son empire et vos lampes tombent en rade. Que faire ?

Choisissez une direction et marchez. Tout droit. Ne vous arrêtez pas. Rien ne garantit que vous ayez pris la route la plus courte ou la plus aisée. Mais vous la suivez. Quoi qu'il arrive.

Pourquoi ce chemin plutôt qu'un autre ? Cette décision est sans doute la plus importante de votre vie, puisqu'elle vous sauve ou vous condamne, mais vous devez la prendre sans vision panoramique ni position de surplomb.

Descartes fait de cette expérience de l'homme perdu en forêt le symbole de la conscience en proie au doute métaphysique. Transposée en politique, elle reflète bien ce qu'est l'engagement en période de crise, lorsque les anciens dogmes s'effacent et les vieilles chapelles s'affaissent.

Nous devons choisir un chemin sans maîtriser tous les paramètres. Si nous attendons d'être sûrs des conséquences de nos décisions, nous ne décidons jamais, nous restons immobiles, promis à une mort certaine.

L'enjeu est là : choisir. Choisir malgré l'incertitude. Choisir dans l'incertitude. Choisir en fonction de nos convictions les plus intimes. Cela suppose du courage. Une forme de foi aussi.

Et c'est là que vous entrez en jeu !

Formés à la gestion de l'existant, habitués aux meubles de leurs salons et aux lampadaires de leurs villes, vos dirigeants sont inadaptés à la forêt. Ils tergiversent et tournent en rond. Mais vous êtes nés en pleine panne d'électricité et l'obscurité ne vous tétanise pas. Pas plus l'effondrement de partis politiques auxquels vous n'avez jamais adhéré ou la disparition de dogmes auxquels vous n'avez jamais cru. Enfants du crépuscule, vous êtes chez vous dans la pénombre.

Surtout, vous avez l'audace et la sève qui manquent à vos gouvernants. Alors, plongez en vous, demandez-vous ce que vous voulez, pour vous-mêmes et pour le monde. Ignorez ce qu'on vous présente comme les bornes du possible et de l'impossible car personne n'en a une idée claire. Discutez, décidez, avancez.

Vous avez déjà fait le premier pas. Spontanément. Sans savoir ce que votre engagement allait produire. J'étais là. Nous étions peu nombreux au début. Puis des dizaines, des centaines de milliers d'entre vous sont venus. Cette expérience singulière peut se poursuivre, se généraliser, esquisser un chemin. Je voudrais vous montrer comment, en tirant de nos premiers combats communs des principes d'action politique, vous pouvez changer la donne. Bien plus vite que vous ne le pensez.

Qui va s'intéresser aux Ouïghours ?

Nous sommes le 24 septembre 2019, au 11e étage du Parlement européen. Mon mandat de député vient de commencer. J'avais fait la promesse avant l'élection d'être le porte-voix des sans-voix dans les institutions. Aussi mon bureau est-il vite devenu le rendez-vous des causes perdues. À l'initiative d'une ONG de défense des droits humains, je reçois ce jour-là des membres de la diaspora ouïghoure. Je sais alors vaguement que le gouvernement chinois réprime ce peuple turcique très majoritairement musulman, mais je suis loin d'imaginer la tragédie en cours. Loin, aussi, d'anticiper l'importance que prendra cette rencontre dans ma vie.

Les témoignages s'enchaînent, les chiffres aussi, sidérants. Je prends soudainement la mesure du crime contre l'humanité perpétré en Chine depuis la fin de l'année 2016 : camps d'internement, viols systématiques, campagnes massives de stérilisation, prélèvements forcés d'organes, réduction en esclavage, effacement d'une langue et d'une culture… Je suis pris de vertige. Devant l'ampleur du crime et l'immensité du silence qui l'entoure. Plus d'un million d'êtres humains sont parqués dans des camps. Au XXIe siècle. Non pour ce qu'ils font, mais pour ce qu'ils sont. Et tout le monde semble s'en foutre royalement. Pourquoi sommes-nous si peu mobilisés ? Pourquoi ai-je si longtemps ignoré le supplice des Ouïghours ?

Après avoir raccompagné la petite délégation, je réunis mon équipe parlementaire : « On va faire résonner la voix des Ouïghours dans cette enceinte. Utiliser tous les moyens pour que l'Europe réagisse. » Puis j'appelle mon camarade de lutte, ami et assistant à Paris, Pierre Natnaël Bussière, et lui dis qu'il va falloir mettre la France sens dessus dessous pour un peuple dont quasiment personne n'a alors entendu parler. Il me coupe, surpris : « Les Ouïghours ? » Je lui répète ce que j'ai entendu. J'insiste sur ces mots – « camps de concentration » – qui retentissent comme une alarme dans ma tête. On se pose tous un jour la question de savoir ce qu'on aurait fait en 1942 sans jamais pouvoir y répondre. Mais la question de savoir ce qu'on fait aujourd'hui face à un crime contre l'humanité, une question à laquelle on peut toutes et tous apporter une réponse, personne ne la pose. Nous allons donc la poser. Une fois, deux fois, cent fois, mille fois. Jusqu'à ce que chacun soit obligé de répondre. Pierre est sceptique : « C'est la première fois que j'entends parler de ces camps… Laisse-moi la nuit pour vérifier tout ça.»

Le lendemain matin, il me rappelle d'une voix blanche : «J'ai pas fermé l'œil. C'est un puits sans fond. On y va. Corps et âme.» On commence par recenser les témoignages, les articles, toutes les informations disponibles. Puis avec Dilnur Reyhan, la directrice de l'Institut Ouïghour d'Europe, on contacte des rescapés. En France, en Turquie, en Suède. Partout les récits concordent. Le Parti communiste chinois est en train d'éradiquer un peuple. Les individus, pris isolément, peuvent survivre s'ils renient leur culture, leur langue, leur religion, leur identité. Mais la nation ouïghoure doit disparaître en tant que telle. Malgré le huis clos imposé par Pékin, les informations sont là, à portée de main. Le problème, c'est que personne ne se penche pour les ramasser et les imposer dans le débat public. Les grands silences permettant les grands crimes, la première chose à faire est de briser le silence.

Comment ? Doit-on alerter les dirigeants français et européens ? Ils savent parfaitement ce qui se passe et ont décidé de ne rien faire, ne rien dire. Doit-on monter un front politique pour faire pression sur eux ? Certes, mais avec qui ? Je tente quelques coups de fil et la réponse est toujours la même, après des soutiens polis et des apitoiements convenus : «Mais, Raphaël, qui va *s'intéresser* aux Ouïghours ?» L'enjeu est là : montrer au régime chinois, à nos dirigeants, à nos élites politiques ou médiatiques qu'un crime contre l'humanité *intéresse* l'humanité.

Qui va *s'intéresser* aux Ouïghours ? Pas les hommes et les femmes politiques, donc. Pas en premier, en tout cas. Qu'ils soient de droite ou de gauche, ils pensent que s'engager pour des causes « lointaines » ne ferait que souligner leur fameuse « déconnexion ». Des sondeurs leur ont dit un jour que les droits humains étaient passés de mode, ils les ont crus et ont cessé de s'en soucier. Ils viendront plus tard, quand nous aurons montré que leurs électeurs *s'intéressent* aux Ouïghours.

Qui va *s'intéresser* aux Ouïghours ? Il suffit d'écouter Ursula Gauthier, grand reporter à *l'Obs*, raconter les réactions de sa direction lorsqu'elle proposait des enquêtes sur les camps pour savoir que les grands médias ne nous aideront pas non plus. La mécanique du silence qui s'est mise en place depuis 2016 est basique : postulant que le supplice des Ouïghours *n'intéresserait* pas leurs lecteurs, leurs auditeurs ou leurs téléspectateurs, les rédactions en chef des JT, des radios ou des magazines ont zappé le plus grand internement de masse du XXIe siècle. Grâce à des journalistes courageux et insistants, quelques papiers remarquables furent publiés, mais rien de plus. Le présupposé d'indifférence génère le silence médiatique. Les médias viendront plus tard, eux aussi, quand nous aurons montré que leurs lecteurs, leurs auditeurs, leurs téléspectateurs *s'intéressent* aux Ouïghours.

Qui va donc *s'intéresser* aux Ouïghours en premier, gratuitement, sans attendre de savoir si ça *intéresse* les autres ? Qui va lancer le mouvement ? Notre pari est simple : *vous*. Vous allez vous sentir concernés. Vous qui êtes encore trop jeunes pour avoir désappris à être spontanés. Vous, dans votre diversité. Peu importe que vous soyez de gauche, de droite, du centre, d'ailleurs ou de nulle part, religieux ou athée, riche ou pauvre, noir ou blanc, juif, chrétien ou musulman : on veut s'adresser à la part d'universel qui existe en chacun de vous, celle qui ne demande pas aux victimes d'un crime contre l'humanité de décliner leur identité afin de savoir si elles sont dignes ou non d'attention et de compassion.

Pierre propose de tout miser sur Instagram. Du haut de mes 40 ans, je souris bêtement : « On va publier des photos de couchers de soleil du Xinjiang ? » Il n'en démord pas : « Insta est un outil de mobilisation incroyable, à condition d'en subvertir les codes. » On décide de produire du texte sur un réseau d'images. Des mots noirs sur fond jaune plutôt que des photos. C'est contre-intuitif. Et ça fonctionne. Vous êtes des milliers à partager nos premières publications, à commenter, à taguer vos proches et interpeller vos connaissances… Votre intérêt éveille celui des gens que vous suivez et qui parfois vous suivent aussi. Bien avant les politiques, les intellectuels et les éditorialistes, les premiers soutiens connus de la cause sont des influenceurs dont j'ignorais le nom, comme AlixDmx, JustRiadh, Elise Goldfarb ou Crazy Sally. L'écosystème d'Instagram, réputé narcissique et vain, s'empare d'une question que tous les espaces traditionnels de débat et de mobilisation avaient délaissée parce que trop «lointaine», pas assez «concernante».

Votre élan de solidarité se répand comme une traînée de poudre. Les rares quinquagénaires qui le remarquent sont certains qu'il s'agit d'un effet de mode : «Ces jeunes seront émus par une autre souffrance demain.» Ils vous prennent pour des papillons ou des poissons rouges. Je me rends compte à quel point la jeunesse dont ils parlent si fréquemment avec condescendance leur est étrangère. À la fin de l'année 2019, vous êtes des dizaines de milliers à vous mobiliser quasi quotidiennement. On organise une première réunion publique à Montreuil le 15 décembre. Malgré les grèves des transports, vous êtes des centaines à venir. Mais pas un leader de gauche ou écolo dans la salle.

Le mouvement naissant est générationnel : largement plus de 80 % de celles et ceux qui participent à nos campagnes ont moins de 35 ans et plus de 50 % moins de 25 ans selon les statistiques fournies par Instagram. La déportation des Ouïghours devient un sujet aussi central pour vous qu'il est périphérique pour vos aînés. Les colleuses féministes et les activistes pour le climat entrent dans la mobilisation, les ados des centres-villes et des quartiers populaires, qui ne se croisaient quasiment jamais, se rencontrent – virtuellement pour l'instant – dans la défense d'un peuple parqué dans des camps à des milliers de kilomètres de chez eux. Pierre et Dilnur lancent un compte dédié – Ouïghours News – qui acquiert très vite une audience immense. Durant le premier semestre 2020, vous êtes des centaines de milliers à vous mobiliser régulièrement. Mais toujours pas de relais des médias et des partis. Comme s'ils ne vous voyaient pas ou doutaient de votre réalité.

Pour leur montrer, physiquement, que les enfants de 1789 existent encore, qu'ils ont des noms, des couleurs, des origines, des religions différentes, mais qu'ils portent tous en eux cet universalisme dont les élites françaises se gargarisent sans jamais le pratiquer, nous lançons l'idée d'une grande manifestation place de la République à Paris. L'appel à descendre dans la rue le 3 octobre 2020 devient viral. Les services de police, qui ont pris, eux, la mesure de la mobilisation, me rient au nez lorsque je leur promets que nous serons moins de 5 000 (la jauge maximale à ce moment-là pour cause de Covid). La manifestation n'est pas autorisée. On la remplace par une semaine d'actions tous azimuts du 27 septembre au 3 octobre. Vous inondez les lycées et les places de tracts et d'affiches. Vous êtes 230 000 à cosigner une lettre au Président Macron lui demandant de sortir de son silence et d'agir. Vous êtes 3 millions à afficher les carrés bleus de solidarité avec les Ouïghours sur Instagram, Facebook et Twitter.

Bien sûr, les militants professionnels et les cyniques ironisent sur vos partages : «Vos petits carrés bleus vont changer quoi ?» La réponse est simple : ils font voler en éclats le présupposé d'indifférence. Ils prouvent que les Ouïghours *intéressent* les Français. Soudainement, des députés posent des questions à l'Assemblée nationale sur les camps chinois et des émissions de télé en parlent à des heures de grande écoute. Un an après vous, les élites françaises s'emparent, timidement, du sujet. Fin 2020, Emmanuel Macron se résout à prononcer ce nom – «Ouïghours» – qui semblait jusque-là lui écorcher la bouche. Début 2021, le magazine *l'Obs* fait sa couverture sur ce «génocide caché» et sur votre mobilisation pour le dénoncer. La journaliste Ursula Gauthier, qui s'est heurtée à tant de refus de sa direction pendant trois ans, a enfin eu gain de cause. Grâce à vous.

Sans votre intervention, la déportation des Ouïghours serait restée absente du débat public. J'aurais crié dans le désert et mes indignations auraient été traitées comme une sorte de folklore droit-de-l'hommiste. Des commentateurs sûrs de leur fait les auraient jugées «déconnectées», puis «lassantes» et enfin «ridicules». J'entends d'ici les moqueries convenues : «Glucksmann et ses

Ouïghours ! » (rires). Je les entends car j'ai vu ce processus à l'œuvre dès mon adolescence. J'ai vu mon père consacrer les vingt dernières années de sa vie à la défense du peuple tchétchène massacré par l'armée russe et se heurter sans cesse à ce présupposé d'indifférence que vous avez fait voler en éclats sur la question ouïghoure.

Il n'y avait pas de réseau social en 1995 ou en 2000, pas de vague de solidarité visible, juste des manifestations à 50 ou 100 organisées par téléphone ou par fax. Toujours les mêmes rassemblements avec toujours les mêmes personnes. Glucks – c'est comme ça que j'ai toujours appelé mon père – a été en Tchétchénie clandestinement pendant des semaines, a publié des dizaines de textes, plus vibrants et plus profonds que tous ceux que j'ai pu écrire pour les Ouïghours, lancé des appels internationaux, participé à des conférences aux quatre coins du monde, rencontré des chefs d'État et de gouvernement, témoigné devant des parlements en Europe ou en Amérique, multiplié les rencontres, enchaîné les plateaux télé. Il se levait le matin et se couchait le soir avec Grozny en tête.

Il avait un éditorial hebdomadaire dans *l'Express* à l'époque. À un moment, le magazine lui a gentiment demandé d'écrire sur autre chose que ce petit peuple musulman martyrisé, puis a fini par l'exiger. Pas par hostilité idéologique, par lassitude. Glucks a préféré arrêter sa chronique. Son « obsession » était devenue une blague dans ce Tout-Paris si imbu de lui-même : « Hahaha Glucksmann et ses Tchétchènes hahaha ». Il a sacrifié son audience, puis sa santé à ce combat. C'était devenu si central dans sa vision du monde qu'il alla jusqu'à soutenir Nicolas Sarkozy en 2007 parce qu'il avait promis d'agir pour les Tchétchènes. Avant de rompre au bout de quelques mois en voyant ce que le Président tout juste élu faisait de ses serments. J'ai vu ce que signifiait défendre une cause. J'ai vu la solitude que cela pouvait engendrer. J'ai vu la force de ce présupposé d'indifférence.

Dans son inlassable quête, il se heurtait toujours au même argument : « La Tchétechénie *n'intéresse* pas *les gens.* » Il n'eut jamais les moyens de prouver l'inverse. *Les gens* étaient alors absents du débat public. Ils n'étaient qu'une entité abstraite servant d'alibi à l'indifférence des dirigeants. Vous êtes la différence fondamentale entre la cause tchétchène et la cause ouïghoure. En montrant que vous étiez *intéressés*, vous avez détruit l'alibi *les gens*. Personne ne peut dire aujourd'hui que *les gens* s'en moquent car *les gens* ont parlé, crié, hurlé. Ce livre est d'abord une façon pour moi de vous remercier. Merci d'avoir mis fin à la triste fable de la mort de l'universalisme français. Merci d'avoir prouvé que les droits humains mobilisent toujours la jeunesse de ce pays. Merci d'avoir réveillé cette voix qui parle *en français* la langue de l'Homme en général. À mes yeux, cela n'a pas de prix.

De Strasbourg à Perpignan, en passant par Savigny-sur-Orge, Melun, Nanterre, Yerres, Étiolles, Lorgues ou Lunéville, vous avez créé plus de 300 groupes locaux de solidarité avec les Ouïghours. Loin du cliché qui veut cantonner le « droit-de-l'hommisme » à une lubie de bobos, ces comités se sont multipliés dans les quartiers populaires, les zones périurbaines, les départements ruraux. Des dizaines de maires de villages ou de petites villes ont signé votre charte de soutien, vous avez installé la cause dans le débat public. Partout. Vous avez sorti la France humaniste de son trop long sommeil.

Il y a, sur cette question ouïghoure, une singularité française. D'autres gouvernements, aux États-Unis, en Angleterre, en Australie, ont été plus vocaux et plus actifs que le nôtre. Les grands médias anglo-saxons, de la BBC au *New York Times*, ont plus informé et alerté sur les camps chinois que les nôtres. Mais nulle part ailleurs un tel élan de la jeunesse n'a eu lieu. Ce qui relève d'un débat de l'élite politico-médiatique à Washington ou à Londres a pris chez nous la forme d'un mouvement populaire.

Votre mobilisation, qui surprend tant mes collègues au Parlement européen, est inscrite, j'en suis convaincu, dans l'ADN de notre nation. Elle correspond à une part essentielle de ce que nous sommes en tant que Français, une part que nos dirigeants ont délaissée depuis des décennies, une part qu'ils proclamèrent morte faute de trouver les mots pour la dire et les gestes pour la faire vivre. Postuler que les Français ne *s'intéresseraient pas* aux Ouïghours, c'était faire peu de cas des Ouïghours, c'était aussi bien mal connaître la France.

Vous pouvez venir de loin, être des enfants ou petits-enfants d'immigrés comme tant d'entre nous, vous êtes néanmoins toutes et tous les héritiers des siècles de luttes et de rêves qui façonnèrent notre peuple. Les héritiers du « pacte vingt fois séculaire entre la grandeur de la France et la liberté du monde » célébré par le général de Gaulle. Les héritiers de la « question d'humanité » (les droits humains) portée par Victor Hugo contre la « question des gouvernements » (la raison d'État). Les héritiers de ce 26 août 1789 qui forge la singularité de notre nation, ce qu'on appelle communément son *identité.* Tous les peuples ont des rois glorieux et des guerriers mythiques, mais peu ont légué au monde la Déclaration des droits de l'Homme et du Citoyen. Soyez certains que vous n'êtes pas « hors sol » en défendant les suppliciés du Xinjiang : votre sol, c'est l'Histoire de France.

Beaucoup de gens m'ont reproché mon « obsession ouïghoure ». Une dame a commenté ainsi l'un de mes nombreux posts Facebook sur les camps chinois : « Vous aimez tant l'humanité, mais vous vous fichez bien de la France ! » J'aurais aimé qu'elle voie ce mur de Post-it dans mon salon sur lequel j'ai inscrit, pour chaque jour du calendrier, une date, un événement ou une œuvre, qui me rend fier de mon pays. Fier, oui. Je suis fier d'être français, jusqu'à l'obsession parfois. Et je suis fier, aussi, qu'il n'y ait rien de plus français que de croire qu'une part de notre destin se joue dans le sort d'un peuple déporté à l'autre bout du monde.

Votre lutte s'ajoute à une longue liste de combats qui, en transformant le lointain en voisin, ont ancré la France dans l'universel. Vous êtes les enfants de ces 100 000 Parisiens, dont 14 000 ouvriers des Ateliers nationaux, qui marchèrent sur l'Assemblée nationale le 15 mai 1848 pour exiger de former une armée de volontaires et réclamer les moyens de partir combattre l'armée russe aux côtés des insurgés polonais. À l'époque, il n'y avait ni avion, ni réseau social et Varsovie semblait aussi loin de Paris que le Xinjiang aujourd'hui. Pourtant, le XIXe siècle français fut marqué par la question polonaise de part en part. En 1830 comme en 1848, elle fut au cœur de nos révolutions et de nos fractures. Des cabinets ministériels tombèrent sur le seul reproche d'abandonner Varsovie, ville martyre qui devint le miroir dans lequel la France se regardait et se jugeait fidèle ou non à ce qu'elle voulait être.

Vous êtes les enfants de ces milliers de travailleurs des filatures du Nord qui, pendant tout l'été 1833, mirent sens dessus dessous Abbeville, Amiens et

Arras pour empêcher l'expulsion d'un patriote polonais, Joachim Lelewel, dont ils ignoraient tout. Tout sauf qu'il aimait la liberté, qu'il avait trouvé refuge en France et qu'il avait été trahi par un gouvernement de pleutres. La monarchie de Juillet, voulant plaire à la Russie, l'avait arrêté au domicile du général La Fayette, et entendait le remettre aux émissaires du tsar en Belgique. Les émeutes furent si violentes alors, sur la route du cortège policier escortant Lelewel vers ses bourreaux, que le sous-préfet d'Arras envoya ces mots à son ministre : « La monarchie entière ne va quand même pas s'effondrer pour un seul homme et le bon plaisir d'un souverain étranger ». Un peuple se souleva pour un exilé et, à travers cet exilé, l'idée qu'il se faisait de lui-même. Notre « obsession ouïghoure » fait écho à l'« obsession polonaise » du XIXe siècle. À travers elles se dessine une certaine idée de la France.

Où est donc passée la France du 26 août 1789, du 15 mai 1848 ou de l'été 1833 ? Cette question m'obsède. Elle guide mes pas et occupe mes pensées depuis longtemps. Elle me fit réaliser mes premiers documentaires et écrire mes premiers essais. Puis elle précipita mon entrée en politique. Ma vie, au fond, se résume à la quête, confiante ou inquiète, joyeuse ou désespérée, enthousiaste ou angoissée de cette France humaniste que beaucoup ont enterré et qui n'attend que vous, j'en suis convaincu, pour sortir du tombeau.

J'étais en Allemagne en 2015 alors que s'organisait l'accueil d'un million de réfugiés syriens. Je me souviens des sourires des volontaires, des banderoles dans les stades et des grands-mères qui distribuaient les soupes en gare de Munich. Je me souviens de ce que m'a dit Paul Ronzheimer, journaliste du grand quotidien populaire *Bild*, devenu une icône nationale avec ses reportages au milieu des colonnes d'exilés errant à travers l'Europe : « Nous nous mettons à ressembler à l'image que nous avions des Français, un peuple idéaliste, capable d'enthousiasmes collectifs que nous faisions semblant de mépriser tout en les enviant. Nous étions jaloux de votre rapport au monde. Aujourd'hui, nous devenons ce que vous étiez hier. »

Je me souviens, au même moment, de Calais, de ces milliers d'exilés abandonnés à la sortie de la ville, sur ce no man's land bondé que l'on appelait la « jungle », un nom résumant à lui seul tous nos renoncements. Je me souviens de la question de Baby, une réfugiée éthiopienne : « Est-ce là le pays des droits de l'homme ? » Contrainte de fuir son pays après avoir dénoncé des officiels corrompus vendant des jeunes filles à des réseaux de prostitution dans le Golfe, elle avait tout quitté en quelques heures pour sauver sa peau et végétait dans ce bidonville depuis des semaines : « Je n'ai eu le temps de rien prendre avec moi de mon ancienne vie. J'ai même abandonné mon nom. Je suis devenue Baby, femme sans terre, sans toit, sans droit. J'ai échoué ici, après le Soudan, la Libye, l'Italie. Et je me demande chaque jour si c'est bien la France, ici. Raphaël, réponds-moi, c'est ça la France ? »

Non. Pas ma France, en tout cas. Mais où est-elle passée alors ?

Elle sommeille. Elle attend. Vous avez commencé à la réveiller. Commencé seulement. Les enfants de Voltaire et Zola se sont tus pendant si longtemps que ceux de Barrès et Maurras ont pris beaucoup d'avance. La lutte sera rude. Mais gardez toujours cela en tête : vous avez l'Histoire de votre côté. Vous êtes la France.

Principe 1 : Les calculs étant vains dans la forêt, engagez-vous par conviction. Préférez la lecture de Hugo à celle de l'IFOP et fixez l'agenda.

Vous avez du pouvoir

Le 1er mars 2020, l'Australian Strategic Policy Institute (ASPI), un think tank australien renommé, publie un long rapport sur l'esclavage des Ouïghours dans les chaînes de production des multinationales. Quatre-vingt-trois grandes marques sont accusées de bénéficier, via leurs fournisseurs et leurs sous-traitants chinois, du système de travail forcé mis en place par le régime de Pékin. De A comme Adidas à Z comme Zara en passant par Nike, Lacoste, Volkswagen, Apple, Mercedes ou Uniqlo, cette liste est une bombe.

Les camps du Xinjiang pénètrent soudainement dans nos armoires et nos dressings. Un crime qui semblait lointain entre dans notre quotidien. Il n'est plus simplement question de politique étrangère ou de droits humains, mais de délocalisations, d'éclatement des chaînes de valeur : de cette globalisation qui nous lie à un crime contre l'humanité à l'autre bout du monde lorsque nous faisons nos courses en bas de chez nous. La tragédie des Ouïghours devient notre Histoire. Non plus abstraitement, par solidarité universelle, mais très concrètement, via nos habits, nos chaussures, nos smartphones.

En découvrant la liste d'ASPI, on se promet avec Pierre d'aller chercher ces marques une à une. On commence par la première dans l'ordre alphabétique : Adidas. J'adresse une lettre à la direction, sur papier à en-tête du Parlement, lui demandant de cesser toute coopération avec ses fournisseurs chinois exploitant des esclaves ouïghours. Puis je partage la lettre sur Instagram et propose à celles et ceux d'entre vous qui me suivent d'interpeller Adidas. En quelques heures, vous êtes des dizaines de milliers à taguer la marque. Le lendemain, la direction nous répond et fixe un rendez-vous sur Zoom. Dès les premiers mots échangés, je me rends compte que notre démarche a ébranlé les dirigeants d'Adidas et qu'ils prennent au sérieux nos interpellations. Ils ne cherchent pas à nier les faits, expliquent avoir lancé un audit sur leur chaîne de production et s'engagent à ne plus travailler avec les fournisseurs chinois incriminés. C'est une première victoire. Et une surprise. On ne pensait pas obtenir un tel résultat aussi vite. On comprend que notre méthode est la bonne. Elle ne changera pas.

Lettre à en-tête du Parlement, interpellation sur Instagram, transparence à chaque étape des discussions : on va reproduire le même schéma, inlassablement. Dans la foulée d'Adidas, j'écris à Lacoste. Votre participation est à nouveau massive. Un vendredi soir, à 23 heures, le PDG de la marque, Thierry Guibert, répond à vos interpellations en direct. Il commence par nier les accusations, puis se renseigne, discute avec ses conseillers et, une heure plus tard, admet le problème, promettant d'y remédier au plus vite. Tout cela se déroule en commentaires sous ma publication Instagram. Nous avons rendez-vous deux jours après au siège de Lacoste à Paris. Au terme de l'entretien, Thierry Guibert s'engage à stopper toute coopération avec ses fournisseurs exploitant des esclaves ouïghours. Il s'agit de deux entreprises chinoises qui produisent plus de 10 % des pièces de Lacoste dans le monde. Préserver l'image de la marque auprès de vous importe plus que les coûts engendrés par une telle restructuration de sa chaîne de production. C'est une deuxième victoire en moins de dix jours.

La leçon est claire : ces mastodontes sont vulnérables. Leur business model repose sur deux piliers – le coût de production le plus faible possible et l'image de marque la plus forte possible – qui entrent fatalement en collision à un moment. La recherche du coût de production le plus faible pousse la marque à se lier à des fournisseurs ne respectant aucun droit social, environnemental ou humain et contredit dans les faits l'image qu'elle met tant d'énergie et d'argent à façonner. Elle est donc à la merci d'une mobilisation exposant cette contradiction au grand jour. D'où l'importance de vos comptes Instagram, Twitter ou Facebook. L'image d'une marque est à la fois sa force – c'est elle qui la rend désirable à nos yeux – et son talon d'Achille. Attaquer son image, c'est la frapper au cœur. D'autant plus quand l'attaque vient du public qu'elle vise. Et le public cible des géants de la fast-fashion et du sportswear, c'est vous. Vous avez donc du pouvoir sur eux. Mon rôle est simplement de vous exhorter à l'exercer.

Chacune de ces campagnes est une claque au fatalisme ambiant. En faisant plier Adidas ou Lacoste, vous vous rendez compte de votre puissance. Ces multinationales dépendent de vos achats et de votre adhésion à l'imaginaire qu'elles produisent. Vous menacez de boycotter, vous retirez votre adhésion : elles paniquent.

Vous êtes à la base du pouvoir qui s'exerce sur vous, vous pouvez donc l'ébranler en refusant d'y consentir. Finalement, nous ne faisons là que mettre en pratique la révolution philosophique opérée par La Boétie dans le *Discours de la servitude volontaire* : « D'où tire-t-il tous ces yeux qui vous épient, si ce n'est de vous ? Comment a-t-il tant de mains pour vous frapper, s'il ne vous les emprunte ? Les pieds dont il foule vos cités ne sont-ils pas aussi les vôtres ? A-t-il pouvoir sur vous, qui ne soit de vous-mêmes ? » Ces lignes ont près de 450 ans, mais elles paraissent écrites aujourd'hui et ont conservé toute leur charge subversive.

Les commentateurs de la vie politique consacrent leur temps et leur énergie à ausculter les qualités ou les défauts des leaders et à décortiquer leur stratégie. Ils écrivent la chronique des faits et gestes des dirigeants. Les masses sont secondes dans l'ordre de l'analyse. Comme si les rois et les princes, les présidents et les ministres, les candidates et les candidats évoluaient en lévitation. Transformant le citoyen en spectateur d'une pièce de théâtre, cette approche nourrit le fatalisme. Critique ou élogieuse, elle postule de toute façon la prééminence du chef sur la multitude. Au cœur du XVIe siècle, La Boétie inverse la perspective. Il affirme que ce qui compte *in fine*, c'est le consentement ou non de la multitude au pouvoir qui s'exerce sur elle. Dans toute relation de domination, le pôle déterminant devient le dominé et non plus le dominant. Le serf fait le seigneur. Le sujet fait le roi. Le client fait Zara. Les conséquences d'une telle inversion des rôles sont immenses : « Ce tyran seul, il n'est pas besoin de le combattre, ni de l'abattre. Il est défait de lui-même, pourvu que le pays ne consente point à sa servitude. Il ne s'agit pas de lui ôter quelque chose, mais de ne rien lui donner. » En d'autres termes : renoncez à votre renoncement et vous cesserez de subir. Automatiquement.

Le *Discours de la servitude volontaire* permet de comprendre les révolutions de notre temps. Des révolutions de couleur à l'est de l'Europe aux révolutions arabes, en passant par Occupy Wall Street aux États-Unis, les Indignés en Espagne ou les Gilets jaunes en France, les insurrections du XXIe siècle ne sont planifiées par aucune structure préexistante. Elles reposent sur le renoncement au renoncement d'une masse critique de la population, un phénomène viral difficilement explicable, un processus qui a lieu en chacun avant de devenir commun par capillarité, comme par enchantement. Mohamed Bouazizi, un vendeur ambulant, s'immole par le feu à Ben Arous le 4 janvier 2011 et l'ensemble de la Tunisie s'embrase. La répression par la police d'une protestation étudiante à Kiev le 29 novembre 2013 fait descendre des millions d'Ukrainiens dans les rues, jusqu'à la chute du régime. Il n'y a plus de prophète, plus de parti omniscient. Juste la sortie soudaine, intime et collective, de l'état d'obéissance. La fin du consentement au pouvoir. Et donc la fin du pouvoir.

Ne parvenant pas à calquer sur ces révolutions ses schèmes habituels, la vieille gauche européenne les comprend mal et les juge sévèrement. Démunie face à l'inédit, rétive à toute forme de surprise, elle en arrive parfois, dans le cas de l'Ukraine ou de la Syrie par exemple, à épouser la cause des tyrans, à voir dans les étudiants de Kiev des néonazis financés par la CIA et dans ceux de Damas ou Alep des djihadistes... financés par la CIA aussi ! La CIA est la branche conceptuelle à laquelle s'accrochent les esprits imperméables à La Boétie, à la spontanéité et à la surprise. Laissez ces momies se noyer, embrassez la spontanéité, soyez la surprise.

Principe 2 : Quand vous vous sentez démunis, quand tout paraît bloqué, quand la scène politique vous désespère, souvenez-vous de La Boétie. Vous avez du pouvoir. Exercez-le.

La réinvention du langage

Un jour, à 19 ans, j'ai participé à l'occupation d'un ministère pour exiger la régularisation de sans-papiers.

Alors que les CRS encerclaient le bâtiment, une querelle éclata entre diverses organisations de gauche sur le communiqué de presse à rédiger. Fallait-il dénoncer la « trahison des principes républicains » ou affirmer que l'attitude de la police dévoilait la véritable nature de ces « soi-disant principes républicains » ? Les familles africaines assistaient médusées au spectacle, marginalisées au sein de leur propre lutte. Lassé par cette joute pathétique, je suis parti jouer au foot avec les enfants dans la salle d'à côté, ce qui me valut d'être traité de « clown bourgeois » par un mec d'une vingtaine d'années qui paraissait déjà centenaire. Le ministère fut évacué, les sans-papiers ne furent pas régularisés et il y eut deux communiqués de presse différents, l'un condamnant les actions du gouvernement au nom des principes républicains, l'autre condamnant les principes républicains au nom des actions du gouvernement. Ridicule.

Les mots des militants politiques professionnels sonnent creux aujourd'hui. Plus ils sont enflés, moins ils sont audibles. Lors de notre campagne contre Nike et le travail forcé présent sur sa chaîne de production, un communiste a posté ce commentaire : « Après Adidas, voici Nike, mais jamais tu ne t'attaques au système capitaliste en tant que tel ! » Mais qu'est-ce que « le système capitaliste » sinon ces grandes marques qui s'enrichissent sur le dos des travailleurs et de la planète ? Et quel *board* de quelle multinationale s'est senti menacé par une tirade contre « le système capitaliste en tant que tel » ?

Ces prêcheurs vous laissent de marbre ? C'est votre chance ! Ne perdez pas de temps à tenter de les comprendre ou de les rallier. Votre langue est celle de l'époque. Vous êtes nés au monde avec les réseaux sociaux et votre écosystème naturel est le lieu où se forgent désormais les récits comme les rapports de force. Vous avez la main.

Ne soyons pas naïfs : les réseaux sociaux peuvent aussi bien ruiner nos démocraties que les régénérer. Je préside une commission spéciale du Parlement européen sur les ingérences étrangères en Europe. J'ai disséqué des dizaines de campagnes de désinformation sur Facebook ou YouTube. L'implosion des cadres, la disparition des filtres, l'abolition des hiérarchies du savoir sont dangereuses. Cette nouvelle agora globale a besoin de règles. Et pose des questions vertigineuses : qui régulera par exemple ces espaces publics qui ont la caractéristique étrange d'être privés ? Nous sommes au début d'une mutation dont nous peinons encore à saisir les implications.

Mais n'en va-t-il pas ainsi de toute révolution technologique ? Si l'invention de l'imprimerie par Gutenberg a mis fin au monopole de l'Église sur la connaissance, permis l'essor de l'humanisme et l'émergence d'un espace de discussion plus ouvert, elle a aussi favorisé les schismes dogmatiques, popularisé les prophéties millénaristes, diffusé les « fake news » les plus apocalyptiques et débouché sur les guerres de Religion qui ont noyé la France et l'Europe dans le sang. Sans Gutenberg, il n'y aurait probablement pas eu la Saint-Barthélemy. Il n'y aurait pas eu non plus les Lumières ou la Révolution française. Faut-il blâmer l'imprimerie parce que des fanatiques ont publié des livres ? Non ! Pourquoi en irait-il autrement pour les réseaux sociaux ?

Nous nous demandons depuis des siècles comment faire en sorte que les citoyens puissent réellement exercer le pouvoir à l'échelle non plus d'une ville comme à Athènes, mais d'une nation de dizaines de millions d'habitants. Lorsque les citoyens ne tiennent plus dans une assemblée, comment éviter que la représentation se transforme en captation de la souveraineté populaire ? Nos représentants nous représentent-ils ou forment-ils une caste ? Les médias se font-ils l'écho de nos débats ou les formatent-ils au service de leurs richissimes propriétaires ? Comment avoir tous voix au chapitre si nous ne pouvons pas tous parler ? Ces questions, aussi vieilles que les démocraties représentatives, vont demeurer, mais il y a désormais une agora qui permet à chacun d'affirmer une présence. Ce simple fait ébranle dans le même mouvement les régimes autoritaires et nos démocraties teintées d'oligarchie.

Avant Gutenberg, les locuteurs étaient peu nombreux et validés par l'Église. Après lui, ils se sont multipliés. Aujourd'hui tout le monde peut être locuteur. Non plus simplement représenté, mais bel et bien présent. Cela ne veut pas dire que les réseaux sociaux sont égalitaires : avoir le pouvoir d'écrire n'entraîne pas celui d'être lu et l'écrasante majorité des publications sont vues par très peu de gens. Mais ils ouvrent un nouvel espace de conquête démocratique. La complainte des éditorialistes et des intellectuels à leur encontre est d'abord celle d'hommes qui ont perdu le monopole de la parole et s'offusquent de voir que leurs voix ne pèsent désormais pas beaucoup plus que la vôtre.

L'ouverture à tous de la discussion publique exige une refonte du langage politique. Les conclaves d'initiés avaient leurs règles, leurs codes, leurs rituels que les réseaux sociaux rendent caducs. Les controverses sur la République «trahie» ou «dévoilée» entre militants de gauche dans un ministère cerné par la police sont balayées et la famille africaine sans papiers revient au centre de sa propre histoire. Cette famille parle à plus de monde et raconte plus de choses que les petits Lénine qui l'entourent. Le fait humain redevient le point de départ du discours. L'esclave ouïghour est l'axiome. Il mène au fournisseur chinois, qui mène à Zara, qui mène à une critique radicale de la globalisation. Pour mobiliser le plus grand nombre, il faut remettre les choses dans le bon ordre : partir de situations concrètes pour aboutir à une vision du monde.

Vous voulez faire comprendre les conséquences sociales et environnementales du libre-échange dérégulé ? Racontez l'histoire d'un poulet brésilien vendu dans un supermarché réunionnais trois fois moins cher qu'un poulet élevé sur l'île. Retracez son parcours depuis les batteries brésiliennes jusqu'à l'océan Indien en passant par les usines de conditionnement en Roumanie. Posez des questions basiques : quel est le coût carbone d'un tel périple ? Comment expliquer une telle différence de prix entre ce poulet et son voisin d'étal élevé à dix kilomètres de là ? Quels sont les impacts sociaux et environnementaux d'un système qui favorise cela ? Bien raconté, ce poulet devient un symbole : son destin particulier dit quelque chose d'universel. Faites-le parler une langue simple et il convaincra plus de gens que toutes les logorrhées anticapitalistes.

Personne n'explique mieux ce bouleversement des codes du débat public que Srdja Popovic, fondateur du mouvement Otpor qui précipita la chute du tyran serbe Slobodan Milosevic en 2000. Son manifeste, *Comment faire tomber un dictateur quand on est seul, tout petit et sans armes,* est la traduction contemporaine du *Discours de la servitude volontaire* de La Boétie. En 1998, Popovic et ses copains se sont réunis dans un appartement de Belgrade autour d'une idée folle : faire la révolution. L'opposition politique serbe était morcelée, le régime semblait inébranlable et les tentatives contestataires avaient jusqu'ici lamentablement échoué. Ces jeunes rebelles voulurent donc tout faire différemment de leurs aînés : être drôles, transformer les meetings en concerts de rock, préférer l'action simple et reproductible aux interminables querelles idéologiques ou stratégiques…

Ils entendaient vaincre la peur par l'humour et l'adrénaline. Un exemple parmi d'autres : notant que Mira Markovic, la femme honnie de Milosevic, portait toujours des roses blanches dans les cheveux, ils ont coiffé des dindes de roses blanches et les ont fait courir dans les rues les plus passantes des villes serbes. Prise au dépourvu, hésitant sur l'attitude à adopter, la police finit par décider de sauver l'honneur de la Première Dame et envoya ses agents attraper les dindes. Des nuées de policiers se mirent à pourchasser d'insaisissables volatiles et un immense éclat de rire retentit dans tout le pays, un éclat de rire aux conséquences majeures selon Popovic : « Une fois que vous avez vu un gros flic costaud courir après une dinde, peut-il encore vous faire peur ? » En multipliant les coups d'éclat de ce genre ou les grèves sauvages, en faisant de leur propre arrestation un moment de gloire, les activistes d'Otpor ont vaincu la résignation. Ils ont poussé des milliers, puis des dizaines de milliers de Serbes à faire acte de désobéissance et à le revendiquer publiquement, donnant l'impression d'une société en insurrection permanente. Là où tout semblait figé, plus rien ne parut stable. Le fatalisme était l'ennemi à abattre. Ils l'ont abattu et, dans la foulée, le tyran est tombé. Comme un fruit mûr.

Une fois leur but atteint, les fondateurs d'Otpor ont mis leur savoir-faire au service d'autres insurrections démocratiques. Des Maldives à l'Égypte, en passant par la Géorgie ou l'Ukraine, on retrouve leur trace dans les principales révolutions contemporaines. Popovic tire de ces expériences une méthode fondée sur le rejet du dogmatisme, la transformation du récepteur du discours en émetteur de messages, le remplacement, comme figure centrale du mouvement, du leader omniscient par la multitude des consciences qui mettent en scène leur passage à l'acte. Son manifeste propose une nouvelle manière d'écrire la politique et d'en faire, transposable partout.

Avez-vous par exemple entendu parler de la révolte du *cottage cheese* en Israël ? Les pages que Popovic lui consacre sont lumineuses. Un matin, choqué par la hausse du prix de son fromage préféré, un assureur sans affiliation politique, Itzik Alrov, décide d'entrer en guerre contre les géants de l'industrie agroalimentaire. Il crée une page Facebook et appelle au boycott du *cottage cheese* tant que les prix ne baissent pas. Il ne dit rien du « système capitaliste en tant que tel », met en cause des entreprises précises et propose un moyen d'action limpide : « Si nous ne surmontons pas notre envie de *cottage*, nous ne réussirons jamais à le rendre à nouveau abordable. » Chacun sait ce qui lui reste à faire. L'appel se répand comme une traînée de poudre. Des centaines de milliers d'Israéliens signent, partagent et entament une grève du *cottage cheese*. Les stocks ne s'écoulent plus dans les magasins. Les distributeurs sont les premiers à baisser leurs marges, mais cela ne suffit pas, le mouvement s'étend. Au bout de quelques semaines, les géants de l'agroalimentaire, acculés, acceptent de baisser les prix. La victoire d'Alrov contre des entreprises qui paraissaient intouchables est un coup de tonnerre. La balle est reprise au bond par d'autres citoyens sur la question du logement. Des initiatives sont lancées sur les réseaux pour protester contre la hausse constante des loyers. 400 000 personnes manifestent pour exiger un encadrement des prix. Le gouvernement cède et revient sur ses politiques ultralibérales.

Un vendeur d'assurance a réussi là où tous les intellectuels et militants de gauche du pays avaient échoué. Pourquoi ? Parce qu'il est parti d'un cas concret et a proposé une méthode simple. Parce qu'il a montré que chacun avait un rôle à jouer et n'a exclu personne a priori du mouvement. Parce que ses mots étaient ceux de l'époque.

Principe 3 : Partez du fait humain et débarrassez la langue politique de ses scories habituelles. Trouvez votre *cottage cheese* et passez à l'action.

Le franc-parler

Cela fait des années que les exilés sont traités en France de façon inique. Des années que des associations et des militants essaient de mobiliser l'opinion. Des années que cela ne marche pas.

Un jour, un boulanger de Besançon, Stéphane Ravacley, apprend que son apprenti, Laye Traoré, va être expulsé. Il décide d'entamer une grève de la faim. Des centaines de milliers de citoyens relaient son action sur les réseaux, suivent les évolutions de son état de santé, souffrent et espèrent avec lui. Il est invité sur des plateaux de télé jusque-là indifférents à la question des exilés. La pression grandit, l'État recule, Laye est régularisé. Une vague de solidarité submerge alors le pays. Partout, des petits patrons, des pensionnaires d'EHPAD, des lycéens, des agriculteurs, des pêcheurs montent des comités de soutien à leurs collègues, leurs apprentis, leurs camarades menacés d'expulsion. Partout, les préfets sont interpellés. Partout, ils doivent rendre des comptes. Que s'est-il passé ? Pourquoi ce boulanger a-t-il réussi là où tant de militants aguerris avaient échoué ?

Stéphane Ravacley a réussi précisément parce qu'il n'est pas un militant aguerri. Il a un apprenti qui travaille bien, un chic garçon. Il l'a formé et, tout d'un coup, la loi et la police lui disent que Laye doit partir. C'est injuste. Et c'est idiot : «Tout cet argent investi par l'État pour l'intégrer quand il était mineur, toute cette énergie dépensée à lui transmettre un savoir, dans un secteur qui manque de main-d'œuvre qui plus est, et maintenant des bureaucrates décident de l'expulser : c'est incompréhensible.» Il n'utilise pas les mots mille fois entendus de la gauche politique. Il ne parle pas de «racisme d'État», n'évoque pas le passé colonial de la France, ne propose pas de vision globale des flux migratoires. Il parle simplement d'une situation intelligible par tous. Comme Alrov.

Il est sincère et cela se voit. Sa spontanéité brise les a priori qui mettent la parole politique à distance. On sent en l'écoutant qu'il ne cherche pas à confirmer ce qu'il pensait avant, à promouvoir un agenda ou à faire fructifier une rente. Il «parle vrai». Que vous soyez de gauche ou de droite, sa parole vous questionne, vous touche, vous ébranle. Elle vous oblige à ouvrir les écoutilles de votre cœur et de votre cerveau. Il a été surpris lui-même et il vous surprend à votre tour. Or, seule la surprise peut faire bouger les lignes. Stéphane Ravacley et Itzik Alrov ouvrent le champ des possibles car ils sont inattendus.

Or, où est l'inattendu sur notre scène politique ? Qui a été surpris par le discours d'un élu ou d'un ministre ces derniers temps ? On sait à l'avance ce qu'il va dire. Vous êtes dans l'opposition ? Tout ce que fait Emmanuel Macron est une calamité. Il confine ? Il fallait ouvrir ! Il maintient les écoles ouvertes ? Qu'il les ferme au plus vite ! Il les ferme ? Qu'il les rouvre ! Il va à Beyrouth ? C'est un néocolonialiste ! Il n'y va plus ? C'est un lâche ! Vous appartenez à la majorité au contraire ? Emmanuel Macron a toujours raison, même lorsqu'il change d'avis trois fois en une semaine. Remarquez combien un événement aussi inédit que la pandémie a suscité peu de prises de parole étonnantes. Tout le monde a semblé voir dans l'année écoulée la confirmation de ce qu'il a toujours cru, dit et pensé. Les écologistes ont écologisé, les communistes communisé, les nationalistes nationalisé… Cette répétition à l'infini du même, on appelle cela « parler à sa base » en langage militant. C'est la loi d'airain des partis. On y parle une langue qui n'évolue plus et évacue la possibilité de la surprise : une langue morte.

Pour lutter contre l'atrophie de la scène politique, il est temps de renouer avec ce principe que les Athéniens plaçaient au fondement de leur cité : la *parrêsia* ou le franc-parler. Revenons aux sources. Polybe, dans ses *Histoires,* identifie les trois piliers du système politique qu'Athènes légua à l'humanité : la *dêmokratia* (le pouvoir du peuple), l'*isonomia* (l'égalité devant la loi) et la *parrêsia* (la parole libre ou franc-parler). Enlevez-en un, l'équilibre est rompu et l'édifice s'effondre. Si les deux premiers sont définis par des règles institutionnelles, le troisième relève d'une pratique, d'une manière d'être et de dire. Il peut donc paraître plus difficile à cerner. Il n'en est pas moins fondamental. Il est la sève qui rend la Constitution vivante. Sans lui, le cœur de la cité cesse de battre, le débat public se fige, les libertés deviennent formelles, la démocratie ne vit plus.

Pour comprendre l'importance que les Athéniens accordaient à la *parrêsia*, lisez le dialogue entre Jocaste et son fils Polynice dans *Les Phéniciennes* d'Euripide. Jocaste interroge Polynice, contraint de vivre loin de sa Thèbes natale, sur les douleurs de l'exil :

– Je vais d'abord te poser une question essentielle. Être privé de sa patrie, est-ce un grand mal ?

– Le plus grand de tous. Le mot reste inférieur à la chose.

– Et en quoi consiste ce mal ? Qu'est-ce qui fait tant souffrir l'exilé ?

– Le pire de tout, c'est qu'il n'a pas la *parrêsia* (*ouk ekhei parrêsian*).

– Voilà qui est d'un esclave : taire sa pensée.

– Du maître alors il faut savoir endurer toutes les bêtises.

– Quelle souffrance d'être fou avec les fous !

Devoir suivre les autres, reprendre leurs codes, imiter leurs gestes : l'homme privé de son franc-parler est réduit à l'état de pantin. *Ouk ekhei parrêsian* : il n'a pas la *parrêsia*, il doit tenir sa langue et vit sous la tyrannie du mimétisme social. Interrogé sur le drame de l'exil, Polynice ne parle pas des proches qui manquent, de la famille absente, des habitudes perdues, des paysages qui s'effacent, des amis qu'on oublie, du déclassement ou de la xénophobie. Non, il évoque sans hésiter la perte de la *parrêsia*. Pour un Athénien, rien n'est pire qu'abdiquer sa capacité à dire le vrai, le juste, l'injuste tels qu'il les conçoit. Le franc-parler définit le citoyen ou l'homme libre, l'homme pleinement homme.

La *parrêsia* n'est pas simplement le droit et le pouvoir de dire la vérité, c'est le droit et le pouvoir de dire la vérité qui dérange, le droit et le pouvoir de choquer, de surprendre par son discours, de sortir de son rôle comme de sa fonction. Quand Platon expose les travers de la tyrannie devant ses disciples à Athènes, il est dans son rôle, dans sa fonction. Mais quand il le fait en Sicile, devant Denys, le tyran de Syracuse, au péril de sa vie, il prend le risque de la vérité et revêt les habits du *parrêsiaste*. Comme, de nos jours, Polina Charendo-Panassiouk, citoyenne de la ville de Brest en Biélorussie lorsqu'elle se dresse face à ses juges pendant son procès pour offense au dictateur Loukachenko. La jeune professeure décide d'accuser les accusateurs et la scène relatée par le reporter du *Monde* Benoît Vitkine sur son fil Twitter paraît tout droit sortie d'une tragédie grecque :

LE JUGE : Veuillez vous lever.

POLINA : Je ne me lève pas devant les bandits.

LE JUGE : Vous contestez l'autorité du tribunal ?

POLINA : Vous n'êtes pas un tribunal !

LE JUGE : Pardon ?

POLINA : Vous êtes une troïka stalinienne.

LE JUGE : Vous demandez ma révocation ?

POLINA : Je demande la révocation de tout le système.

LE JUGE : Vous reconnaissez donc être coupable ?

POLINA : Et vous, reconnaissez-vous participer à des répressions politiques ?

LE JUGE : Ce n'est pas au tribunal qu'on pose des questions !

POLINA : S'opposer à un bandit est l'honneur et l'obligation du citoyen.

[...]

LE JUGE : Accusée, vous pouvez maintenant poser des questions

POLINA : D'accord. Vous n'avez pas honte ?

LE JUGE : Les questions doivent être adressées aux témoins, pas au tribunal.

POLINA : Vous n'avez donc pas honte.

Platon face à Denys et Polina face à ses juges poussent le franc-parler à son paroxysme, plaçant la vérité au-dessus de leur propre existence. Dans nos démocraties, l'État ne condamne ni à mort, ni à la prison pour une parole offensante. Mais la *parrêsia* y entraîne une autre forme de risque : la mise en péril par le locuteur de sa popularité, de ses réseaux, de son statut. C'est ce risque pris qui définit le franc-parler. Le *parrêsiaste* rompt le train-train et choque son auditoire. Il sème le trouble et, en semant le trouble, rebat les cartes, régénère le débat public. L'affirmation d'une vérité qui dérange permet à la parole de s'éprouver réellement libre.

Au crépuscule de son existence, Michel Foucault consacre ses derniers cours au Collège de France à cette *parrêsia* grecque. Face au discours politique de plus en plus formaté de son temps, il invite ses étudiants à revenir aux origines athéniennes de la parole civique. « Il faut, pour qu'il y ait *parrêsia*, que, en disant la vérité, on ouvre, on instaure et on affronte le risque de blesser l'autre, de l'irriter, de le mettre en colère et de susciter de sa part un certain nombre de conduites qui peuvent aller jusqu'à la plus extrême violence », écrit Foucault avant de préciser que cet « autre » dont il parle n'est pas l'autre dont on ne se soucie pas, l'autre lointain, ou l'autre adversaire, celui qu'on a intérêt à choquer pour souder son propre camp. Non, l'autre que choque le *parrêsiaste*, c'est l'autre proche, l'autre que l'on considère, l'autre que l'on doit flatter pour réussir.

Quand un leader politique lève le poing dans un meeting de gauche et crie « F comme Fasciste, N comme Nazi », il ne prend aucun risque. Quand un socialiste attaque « le néocolonialisme » de la droite en omettant de dire que François Mitterrand était ministre de l'Intérieur et de la Justice pendant la guerre d'Algérie, puis Président au moment du génocide des Tutsis au Rwanda, il ne prend aucun risque. Quand un communiste dénonce Pinochet en oubliant Castro, il ne prend aucun risque. Cela ne signifie pas que ce qu'il dit est faux, juste qu'il n'y a rien dans sa prise de position qui puisse surprendre ou demander le moindre courage.

Le *parrêsiaste*, au contraire, sort des sentiers battus, assume de penser contre son camp, de mettre à mal les intérêts de son parti. Lorsque l'écrivain de droite Georges Bernanos dénonce les crimes franquistes dans *Les Grands Cimetières sous la lune*, il s'affranchit de ses réseaux et choque ses amis. Lorsque l'écrivain de gauche Albert Camus monte, en 1957, à la tribune de la salle Wagram pour se livrer à un réquisitoire sans concession contre les tyrannies communistes, il s'attaque à la doxa de son camp. C'est cela, la *parrêsia* : la parole qui s'affranchit et qui, en s'affranchissant, affranchit celui qui la reçoit. La politique meurt lorsque le discours ne s'émancipe plus des codes et devient prévisible. Les citoyens assistent alors à un jeu de rôle. Ils se lassent, cessent d'écouter, puis finissent par s'abstenir. En masse.

La *parrêsia* s'oppose évidemment au mensonge, mais plus encore à la mauvaise foi de l'apparatchik. Elle est l'antithèse, bien sûr, de la rhétorique des communicants, mais elle se distingue aussi selon Foucault des autres manières de dire le «vrai» : la parole prophétique (qui «adresse aux hommes une vérité qui vient d'ailleurs», infalsifiable, indiscutable, incontestable) et la parole technocratique (qui se place du côté du «savoir» et assure la continuité du système en place). Or aujourd'hui nous avons des communicants, nous avons des prophètes, nous avons des technocrates. À foison. Face aux technocrates au pouvoir se dressent les prophètes antisystèmes. Face aux prophètes, les technocrates s'imposent comme les remparts de la raison. Les communicants se mettent alternativement au service des uns et des autres. Tous restent dans leur rôle. Le soupçon d'insincérité qui pèse sur la classe politique dans son ensemble vient de cette absence de prise de risque, de cette incapacité à sortir de sa zone de confort. Pour s'imposer, votre parole devra faire voler en éclats ce ron-ron débilitant. Surprendre.

La vie serait plus simple si la vérité et la justice étaient l'apanage d'un camp politique ou d'une famille idéologique. J'ai appris très tôt à quel point c'était faux.

J'ai réellement ouvert les yeux sur le monde à 14 ans, un triste jour d'avril 1994. Mes parents venaient de s'abonner à la télévision câblée et je découvris sur CNN des images de miliciens massacrant des civils sur une route en terre ocre. Cela se passait au Rwanda, un génocide était en cours et près d'un million de Tutsis allaient être exterminés en cent jours. Quelques années plus tard, le journaliste Patrick de Saint-Exupéry publia une série d'articles disséquant le rôle que notre État avait joué au Rwanda avant, pendant et après le génocide. Je nous revois encore, avec mes deux amis Pierre Mezerette et David Hazan, dans la cour du lycée Lamartine, *le Figaro* dans les mains et la rage au cœur. Nous étions des adolescents épris de solidarité et d'humanisme, manifestant contre la réforme des retraites et les lois Debré sur l'immigration, poussant notre bahut à la grève à la moindre occasion, naturellement « de gauche », et on découvrait que le premier président socialiste de la Vᵉ République, François Mitterrand, portait une responsabilité accablante dans un génocide. Nous nous fîmes alors la promesse que notre premier geste d'adulte serait d'enquêter sur le rôle de la France au Rwanda.

Nous avons tenu cette promesse de mômes. À 20 ans, nous avons écrit un documentaire. Des producteurs indépendants, Arnaud Borges et Michel Hazanavicius, ont cru en notre projet et nous ont permis d'enquêter pendant deux ans pour réaliser un film, *Tuez-les tous !*, qui allait déclencher la polémique. Encore étudiants, nous nous sommes retrouvés à déterrer des cadavres dans des faubourgs de Kigali à 8 heures du matin, à enregistrer des centaines d'heures de témoignages de rescapés dans le Bugesera, à Butare ou à Bisesero, à collecter des infos à New York, Genève ou Paris… Nous avons pris la mesure du rôle joué par François Mitterrand. Il pilota de A à Z le soutien financier, politique et militaire au régime génocidaire. Des ministres de droite l'empêchèrent, en mai 1994, d'envoyer nos soldats faire la guerre aux côtés des massacreurs. Oui : des ministres de droite freinèrent les ardeurs néocoloniales d'un président de gauche. J'aime autant vous dire que découvrir cela à 20 ans vous vaccine contre le dogmatisme et le sectarisme. Depuis ces années rwandaises, je sais qu'il n'y a rien au-dessus de la vérité. Et qu'il vaut mieux prendre le risque de la solitude que celui de la compromission. Je resterai toujours fidèle à ce serment, quitte à passer pour un OVNI au sein de la politique française.

Principe 4 : Votre franc-parler est votre meilleure arme et la condition de possibilité d'un renouveau du débat public. N'hésitez pas à choquer votre camp : c'est la preuve que vous vous adressez à tout le monde.

Prendre le pouvoir

En voyant ce qu'est devenue la politique, il est normal d'avoir un mouvement de recul, voire de rejet. Mais pour faire plier Total et Exxon, pour obliger Google à payer des impôts, pour imposer des règles aux multinationales, vous aurez besoin de la loi et de l'État. Pour faire pression sur le gouvernement chinois, investir dans des transports publics propres ou bannir les produits de l'esclavage de nos marchés, vous aurez besoin de ministres, de députés, de fonctionnaires. Il n'y a pas de raccourci, pas de chemin de traverse. Il n'y a, en démocratie, pas d'alternative aux élections.

Les réseaux sociaux ne remplaceront pas le Parlement, ni les lobbies citoyens les partis politiques. L'acte de présence de celui qui crie « non ! » et fait irruption sur la scène publique, s'il ne se traduit pas institutionnellement, risque d'être effacé. Les jeunes Égyptiens de la place Tahrir ont renversé un dictateur, mais ils n'ont pas réussi à prendre le pouvoir : dix ans après, ils se retrouvent avec un tyran pire que l'ancien. Les jeunes Ukrainiens de la place Maïdan ont fait deux révolutions anti-oligarchiques en dix ans, mais ils n'ont pas réussi à prendre le pouvoir : les oligarques contrôlent toujours le pays. Sans débouché institutionnel, les mouvements citoyens les plus extraordinaires ne peuvent transformer l'essai.

Lorsque les dirigeants de Nike et de Zara jugent que les marges dégagées par leur chaîne de valeur sont plus importantes pour l'avenir de leur entreprise que le coût en termes d'image que nous pouvons leur imposer, nos campagnes sont impuissantes. Rien d'autre que la loi ne pourra les faire changer. L'autorité publique laisse aujourd'hui les acteurs privés choisir d'avoir ou non des esclaves sur leurs chaînes de production. Ce faisant, elle met en danger les entreprises qui font le choix de la décence. H&M, par exemple, a accepté de rompre ses contrats avec les fournisseurs exploitant des travailleurs forcés ouïghours et de rendre publique sa décision : elle en paie le prix en avril 2021 lorsque le Parti communiste chinois lance contre elle une vaste opération de boycott. Des centaines de milliers d'internautes sont mobilisés pour l'attaquer. Et H&M se retrouve pénalisée d'avoir agi contre l'esclavage.

Dans un parfait contrepoint à nos campagnes en Europe, le régime chinois utilise les mêmes armes que nous, à une échelle bien plus grande. Et nous risquons à tout instant de voir effacées les avancées que nous avons obtenues. Les déclarations des marques sur le travail forcé disparaissent comme par enchantement de leur site. Hugo Boss se met ainsi à communiquer fièrement, en chinois, sur sa collaboration avec les fournisseurs dénoncés par le think thank australien ASPI. Le régime de Pékin a fait de H&M un exemple. En n'obligeant pas par la loi nos entreprises à nettoyer leur chaîne de production de tout travail forcé, l'autorité politique les expose au chantage chinois : soit vous acceptez de travailler avec notre système concentrationnaire, soit on vous coupe l'accès à notre marché. Le marché chinois était devenu si important pour les marques européennes, cela fonctionne. Sans loi, tout est réversible.

D'où, dans chacun de mes combats, l'importance cruciale de ce bureau du 11e étage du Parlement européen. Mon équipe – Alice, Charles, Caroline et Chloé – y fait le lien entre l'activité parlementaire et l'activisme citoyen. Les campagnes publiques restent flottantes si elles ne se traduisent pas en projets législatifs. C'est l'intuition de cette jonction nécessaire qui m'a poussé à être candidat à une élection et à ne pas me contenter du combat culturel ou des mobilisations dans la société.

Lorsque je suis entré au Parlement, j'ai assez vite cerné la division des tâches qui s'y opère : les députés soucieux des droits humains rejoignent la sous-commission des droits humains (DROI) et les élus « sérieux » – c'est-à-dire ouverts aux intérêts des grandes entreprises – vont en commission commerce international (INTA). Les premiers prononcent des discours enflammés et votent de belles résolutions. Les seconds décident de ce qui compte réellement à l'échelle européenne : notre politique commerciale. Je suis donc allé défendre les droits humains en commission… commerce. Avec en tête cette idée fixe : sortir les droits humains du domaine de la pétition de principe et les faire entrer dans le concret, c'est-à-dire le business.

S'il est un projet qui correspond à l'ambition qui anime mon mandat, c'est bien la législation européenne sur le devoir de vigilance des entreprises. Aujourd'hui, les multinationales ne produisent souvent rien elles-mêmes et l'éclatement de leurs chaînes de valeur leur permet d'échapper à toute responsabilité. Leurs fournisseurs et leurs sous-traitants peuvent exploiter des travailleurs forcés en Chine ou détruire des écosystèmes en Afrique sans qu'elles n'aient de compte à rendre. L'entreprise chinoise Huafu exploite des milliers d'esclaves ouïghours pour fabriquer des chemises Zara, mais Zara n'y est juridiquement pour rien. Zara ne fabriquant rien directement, elle n'est responsable de rien. Le devoir de vigilance change cela et rend les multinationales responsables de l'ensemble de leur chaîne de production : c'est une révolution légale.

L'impunité érigée en norme a transformé la Chine en atelier du monde, formidablement enrichi les actionnaires des grands groupes et contribué à désindustrialiser l'Europe. C'est cette impunité qu'il faut abattre. Nous y œuvrons au Parlement européen depuis maintenant deux ans. Nous cherchons à inverser la célèbre maxime de Pascal – « ne pouvant faire que ce qui est juste fût fort, on a fait que ce qui est fort fût juste » – et à faire que, pour une fois, le juste devienne fort. Aidés par une vaste coalition d'ONG travaillant sur le sujet depuis des années, inspirés par la législation française sur le devoir de vigilance de 2017, nous avons formé un groupe de députés siégeant dans différentes commissions et provenant de divers groupes politiques, unis par un objectif commun : tourner la page de l'impunité des multinationales.

Les grands groupes ont dépensé des fortunes en lobbying pour contrecarrer notre projet et Business Europe, le MEDEF européen, a pesé de tout son poids. Mais nous avons résisté, collectant patiemment les soutiens, opposant aux pressions des grands patrons vos campagnes civiques, les lettres des ONG et des Églises (plus de cent évêques ont appelé les députés à soutenir le projet, ce qui eut un impact considérable sur les élus conservateurs). Et le 10 mars 2021, le Parlement a voté massivement pour un devoir de vigilance européen contraignant et ambitieux.

Ce n'est qu'une victoire d'étape et la partie est encore loin d'être gagnée. Les méandres du système européen rendent le processus long et complexe. La balle est aujourd'hui dans le camp de la Commission européenne. Elle doit produire une directive d'ici l'automne 2021 qui doit ensuite être validée au Parlement, puis traduite dans les 27 législations nationales. À chaque étape, le train peut dérailler. À chaque étape, les lobbies peuvent obtenir la suppression d'une phrase, la disparition d'un mot, des changements d'apparence mineure qui en réalité dénaturent un texte de loi. Ils ont les relais et le savoir-faire pour y parvenir. Je ne le sais que trop bien : j'en ai fait les frais.

Nous sommes le 10 novembre 2020. Je reçois un appel du chercheur allemand Adrian Zenz. Il me dit avoir découvert et analysé des documents officiels chinois qui prouvent que 570 000 Ouïghours sont réduits en esclavage dans les champs de coton du Xinjiang. 80 % du coton chinois, soit 17 % du coton mondial, provient de cette région : du luxe au sportswear en passant par la fast fashion, toutes les chaînes de production de l'industrie textile sont potentiellement touchées. « Mon rapport sortira en décembre, ce sera un coup de tonnerre. D'ici là, il faut conserver une confidentialité totale. Je vous envoie tout, mais ne partagez rien. » Avec mon équipe, nous plongeons dans les données : chaque mouvement de population, chaque objectif de production, chaque méthode de collecte sont détaillés. Nous décidons de nous appuyer sur son rapport pour préparer une résolution sur le travail forcé des Ouïghours. Nous fixons avec Adrien Zenz la date de publication de ses découvertes dans la presse au lundi 14 décembre, soit le jour de l'ouverture de la session plénière du Parlement européen.

Il nous faut désormais réussir à inscrire notre résolution à l'ordre du jour du Parlement sans pouvoir partager avec nos interlocuteurs les informations dont nous disposons. Je vais voir la direction de mon groupe, l'Alliance progressiste des Socialistes et Démocrates (S&D), qui promet d'appuyer la démarche. Je discute ensuite avec les *Verts* et les centristes libéraux du groupe *Renew Europe*. Tout le monde suit. On décide en amont qui seront les négociateurs du texte : les Allemands Reinhard Bütikofer pour les *Verts* et Engin Eroglu pour *Renew*, des alliés précieux dans le combat pour les Ouïghours. Il est convenu que j'aurai la charge de rédiger le premier *draft* de la résolution, celui qui sert de base à la négociation entre les différents groupes. On s'accorde sur les deux demandes principales : des sanctions ciblées contre les orchestrateurs chinois du travail forcé (dirigeants et entreprises) et le bannissement des produits de l'esclavage de nos marchés (ce qui aurait un impact immense sur les multinationales du textile).

Lorsque la plénière arrive, tout est calé. Les conservateurs du Parti Populaire Européen (PPE) ont donné leur feu vert. Durant le week-end, j'envoie le rapport d'Adrian Zenz aux négociateurs. Le lundi soir, la BBC ouvre le bal. Plusieurs journaux européens font leur une sur le rapport le lendemain matin, dont *Libération* en France et la *Süddeutsche Zeitung* en Allemagne. On embraie au Parlement. La résolution est prête et les négociations comme le vote ne devraient être qu'une formalité. Mais, à quelques heures du début officiel des négociations, j'apprends que j'ai été écarté du processus. La vice-présidente des S&D, Kati Piri, me remplace, ma position « n'étant pas le point d'équilibre du groupe ». Mercredi, en fin de journée, les services du Parlement interviennent et déclarent juridiquement « problématique » le paragraphe sur le bannissement des produits de l'esclavage. Mon groupe – qui a l'initiative dans les discussions puisque nous présentons le texte et qui était censé adopter la position la plus radicale – accepte la disparition de ce point crucial. Les conservateurs sont ravis, la gauche radicale est aux abonnés absents. Isolés, Eroglu et Bütikofer sont impuissants : l'affaire est pliée. Le texte ne touchera pas aux intérêts des multinationales.

Quelqu'un a actionné les bons leviers, au sein de mon groupe et des services techniques du Parlement, sans que je le voie, sans que je l'anticipe. Je me suis fait avoir et me retrouve coincé. Nous avons un bon texte, qui condamne l'esclavage et appelle à des sanctions contre les dirigeants chinois, mais un texte dont a disparu tout ce qui pouvait directement nuire aux grandes boîtes européennes. Je ne peux ni me réjouir, ni protester publiquement. Tout l'enjeu de cette résolution est de pousser la Commission européenne à agir et il faut pour cela projeter l'image d'un Parlement poussant à l'unisson dans le sens des sanctions. J'ai eu mal jusque dans les os, ce jeudi 17 décembre 2020. Mû par cette colère, je monte à la tribune du Parlement et prononce un discours violent («J'accuse»).

Je n'ai jamais autant appris politiquement que pendant ces trois jours. Le résultat de l'opération est paradoxal. D'un côté, l'Union européenne adopte, quelques semaines plus tard, les sanctions ciblées que nous demandions et c'est une victoire inespérée. De l'autre : les produits de l'esclavage sont toujours dans nos magasins et les multinationales sont sorties indemnes d'une séquence qui aurait dû les mettre à mal. La leçon ? Les lobbies ne sont pas des ennemis imaginaires. Ils existent et ont des relais puissants au sein de la Commission, du Parlement et du Conseil. Comme il n'est jamais facile d'avouer s'être fait avoir, peu d'élus vous racontent leurs rencontres avec eux. D'autant plus qu'il n'y a souvent pas grand-chose à raconter. Les lobbyistes les plus efficaces ne trimbalent pas des valises de billets et ne vous invitent pas dans des clubs de strip-tease, ils sont discrets et maîtrisent tellement bien la machine qu'ils sont capables de vous bloquer sans même que vous ayez la possibilité de les apercevoir. Ils savent faire disparaître un mot ou une phrase d'un texte sans laisser d'empreinte.

Le seul antidote à leur pouvoir, c'est la lumière et la publicité, votre attention et votre mobilisation. Les débats bruxellois peuvent sembler arides et éloignés de vos préoccupations, mais ils sont décisifs et ne peuvent être gagnés sans votre intervention. Il se joue autour de cette législation sur le devoir de vigilance rien de moins que la fin d'une époque. Les multinationales l'ont parfaitement compris, elles. Elles ont compris que le combat engagé au Parlement les obligera à changer ce business model qui leur permet de dégager des marges astronomiques et de verser des dividendes délirants. Elles essaieront donc jusqu'au bout de faire dévier le processus. Et nous aurons encore besoin de vous.

Aucune avancée législative majeure, modifiant les règles du jeu à l'échelle globale, n'est possible sans mobilisation citoyenne. *A contrario*, toute mobilisation citoyenne reste incomplète et fragile si elle ne se traduit pas en avancée législative. En d'autres termes : vous faites partie intégrante de mon mandat. Pas simplement en tant qu'électeurs auxquels je dois rendre des comptes, mais en tant qu'acteurs : votre niveau d'investissement détermine ce que je peux accomplir au Parlement, jusqu'où je parviens à faire bouger les lignes. Dit encore autrement : mon compte Instagram et mon travail législatif sont indissociables. L'un ne va pas sans l'autre. Si je me limite aux campagnes civiques ou aux débats feutrés du Parlement, je boite, je titube et je n'arrive à rein.

Vous avez *du* pouvoir, mais *le* pouvoir existe bel et bien. Et il faut le conquérir. Oubliez, je vous en conjure, ce vieux rêve consistant à « changer la société sans prendre le pouvoir ». À quoi auront servi vos marches pour le climat si, dans les années qui viennent, nous n'avons toujours pas élu des dirigeants assez convaincus et courageux pour mener à bien la transformation écologique ? Soit vous investissez la politique institutionnelle, soit vous laissez d'autres, une minorité de plus en plus restreinte, décider à votre place. L'écologie est la grande affaire du siècle, mais Europe-Écologie-Les Verts (EELV) ne compte pas même 10 000 militants sur toute la France. Est-ce normal ?

Les partis sont faibles, terriblement faibles. C'est à la fois une catastrophe et une aubaine. Si vous êtes assez nombreux et assez motivés, vous pouvez rapidement les changer ou les submerger. Mais pour cela, il vous faudra franchir le cap. C'est le moment !

Principe 5 : Votez, faites voter, élisez, faites élire. Mieux encore : faites-vous élire ! Rien, jamais, ne remplacera la politique, alors investissez-la.

Dernier avertissement avant le décollage

Attention : les principes 4 et 5 risquent d'entrer en collision. Dès que vous passerez la porte de la politique dite « institutionnelle », une question surgira, une question simple à laquelle vous aurez un mal fou à répondre : comment conserver votre *parrêsia* en adhérant à un parti ? Cette question m'habite depuis le lancement de Place publique en novembre 2018 et ma candidature aux élections européennes du printemps 2019. Elle était déjà au cœur d'une controverse fascinante dont j'aimerais vous dire quelques mots avant de passer aux travaux pratiques, une querelle opposant deux camarades de lutte qui finirent par se haïr : Jean Jaurès et Charles Péguy.

Nous sommes au tout début du siècle dernier. Jaurès et Péguy, deux socialistes, ont combattu pour Dreyfus. Ils ont ferraillé ensemble, risqué ensemble, gagné ensemble. Après le grand schisme du mouvement ouvrier vient le moment de sa réunification, de la réconciliation avec les ennemis d'hier, ceux qui ont refusé de soutenir Dreyfus. Jaurès se lance corps et âme dans cette entreprise de rassemblement, sous l'œil sceptique de Péguy qui n'entend, lui, ni oublier ni pardonner. Un nouveau parti est créé, la Section française de l'Internationale ouvrière (SFIO). Ses statuts reconnaissent la liberté de débat en interne sur la « doctrine » et la « méthode », mais imposent la « parole unitaire » en externe, c'est-à-dire le renoncement à la *parrêsia* dans l'espace public au nom de l'intérêt supérieur du parti. Ces quelques lignes perdues au milieu de statuts de plusieurs pages précipitent la rupture entre les deux amis.

Péguy s'insurge et rappelle Jaurès au serment des défenseurs de Dreyfus, la promesse solennelle de ne plus mentir, ni pour l'État, ni pour le parti : « Dire la vérité, toute la vérité, rien que la vérité, dire bêtement la vérité bête, ennuyeusement la vérité ennuyeuse, tristement la vérité triste, voilà ce que nous nous sommes proposés depuis plus de vingt mois, et non pas seulement pour les questions de doctrine et de méthode. » Dans une charge enflammée, il accuse son ancien camarade et modèle de sacrifier la liberté à l'unité et l'idée de justice au désir de pouvoir.

Jaurès lui répond que l'horizon de la transformation sociale suppose et justifie quelques entailles à la *parrêsia* : « Je ne crois pas, malgré les trésors de talent que Péguy dépense à sa thèse, qu'il nous suffise, en une sorte d'anarchisme moraliste, de susciter, de conscience individuelle en conscience individuelle, la fierté du juste et du vrai. Il faut forger, encore, à l'usage du prolétariat l'outil de gouvernement et de législation. » Le raisonnement de Jaurès semble implacable. Pour changer le monde, il faut prendre le pouvoir. Or, pour prendre le pouvoir, il faut un parti puissant. Et ce parti ne peut être puissant s'il ne maintient pas une forme d'unité de parole et de position dans la sphère publique. La politique est une affaire de camps, qu'on le veuille ou non.

Et tirer contre son camp quand on est socialiste, c'est renforcer l'ennemi de classe.

Jaurès poursuit avec une tirade sur l'unité de l'Histoire et de la philosophie. Péguy lui objecte que tous les philosophes qu'il cite ne forment en rien une unité, que c'est au contraire leur dissensus qui a permis le progrès de la pensée humaine : «Toute l'économie de la liberté philosophique repose d'abord sur ce fondement : qu'un seul peut avoir contre tous raison, et même qu'il peut y avoir des temps où aucun n'ait raison.» Il défend une *parrêsia* intégrale et met en garde : se taire face à une injustice pour ne pas heurter son camp, omettre de dénoncer un crime pour sauvegarder un parti, c'est le premier pas vers la servitude. En signant les statuts de la SFIO, Jaurès prend sa «retraite d'homme libre».

Comme dans tout affrontement tragique, deux formes de vérité s'entrechoquent. Péguy a raison de dire que la règle de la «parole unitaire» implique le renoncement au franc-parler. Mais, évacuant trop vite la question du pouvoir, il prend le risque de priver le prolétariat de toute perspective réelle d'émancipation. Jaurès a raison de souligner l'aporie d'une conscience solitaire plaçant la *parrêsia* au-dessus de tout. Mais, obnubilé par la question de l'efficace politique, il accepte de mettre la vérité sous tutelle et de considérer les citoyens comme des enfants.

Tout engagement sincère en politique rencontre le dilemme Péguy-Jaurès. Vous oscillerez constamment entre ces deux bornes. Ne sacrifiez aucune des deux en chemin. Assumez la contradiction jusqu'au bout. Considérez la nécessité de la prise du pouvoir avec Jaurès et l'impératif de la *parrêsia* avec Péguy. Mais gardez une chose en tête : le jour où vous préférez votre parti à la vérité, le jour où le pouvoir qui permet l'émancipation revêt plus d'importance à vos yeux que l'émancipation elle-même, vous êtes devenu du bois mort. S'il vous faut choisir, prenez le risque de perdre avec Péguy. C'est alors, et alors seulement, que vous mériterez de gagner.

Notre chemin

Vous êtes prêts à descendre dans l'arène ?

Alors j'aimerais passer du « vous » au « nous », car nous sommes embarqués dans la même galère, vous et moi. Nous avons largué les amarres et voguons ensemble désormais.

Qui sommes-nous ?

Par-delà nos différences d'âge, de croyance ou d'origine, nous sommes les enfants d'une France humaniste que nous refusons de voir sombrer dans le repli et l'insignifiance.

Épris de liberté, d'égalité et de fraternité, nous voyons dans ces mots plus que des inscriptions sur le fronton de nos mairies : des principes d'action et de vie.

Assoiffés de solidarité et de justice, nous croyons encore que la politique peut inverser l'ordre des choses et le cours des événements.

Conscients que le productivisme débridé et le libre-échange généralisé nous mènent dans l'abîme, nous savons qu'il faudra changer le monde pour éviter qu'il se défasse.

Nous ne voulons pas avoir le choix à chaque élection entre l'égoïsme et la haine, le cynisme et la violence. Nous voulons plus que cela, nous voulons voter par adhésion et non par défaut. Par espoir plus que par crainte.

Nous sommes des rêveurs frustrés, des impatients qui refusent d'attendre sagement leur heure, des voyageurs à quai qui n'en peuvent plus de regarder passer les trains et savent qu'ils n'ont plus le droit de rater le prochain.

Nous sommes des citoyennes et des citoyens ayant à cœur de prouver que la France vaut plus que ce qu'elle est aujourd'hui, des « métèques » et des « de souche » mus par l'irrépressible désir de prendre part au réveil de leur nation.

Plus que tout, nous sommes les non-résignés, ceux qui pensent que tout peut encore changer.

Posons-nous donc une question simple : que ferions-nous de fondamentalement différent de nos dirigeants actuels et passés si nous avions le pouvoir ? Pareille projection semble loufoque alors que nous sommes si loin de gagner les élections. Mais les fondateurs d'Otpor n'étaient qu'une poignée et Milosevic paraissait indéboulonnable lorsqu'ils se sont demandé à quoi ressemblerait leur pays sans dictateur ni police politique. Ce saut dans l'avenir, dans un petit appartement de Belgrade, paraissait fou. C'est lui, pourtant, qui les a sortis du fatalisme régnant alors en Serbie, qui a nimbé leurs mots du parfum de l'après et a donné à leurs actions, leurs discours, leurs attitudes une autre saveur. Ils n'étaient plus des opposants déprimés, condamnés à se heurter la tête contre les murs de la tyrannie, mais des hommes et des femmes revenus du futur, capables de rire des choses les plus effrayantes avec l'assurance de ceux qui les savent éphémères et de regarder les bourreaux dans les yeux avec le calme de ceux qui les savent condamnés.

Nous aussi, quittons nos postures de perdants, oublions la faiblesse des partis, extirpons-nous des polémiques dans lesquelles sautent à pieds joints ceux qui ignorent vers où marcher et dessinons les contours de la révolution à venir. Que ferons-nous une fois au pouvoir ? Quels principes guideront nos pas ? Quelles ruptures porterons-nous ?

I. Nous reprendrons le contrôle

« Ainsi asservi, comment pouvez-vous me dire que je suis roi ? », demande le Richard II de Shakespeare. Cette question, nous la poserons une fois, deux fois, cent fois, mille fois. Jusqu'à ce que nous cessions d'être soumis à quoi que ce soit d'autre que la volonté générale qui nous aura portés aux manettes. Si l'autorité politique n'est plus souveraine, si les règles de l'Organisation mondiale du commerce sont des commandements divins et les multinationales des monstres sacrés dont les humeurs commandent aux désirs des peuples, à quoi bon voter ou vouloir être élu ? À quoi bon la politique ?

Vaincre dans les urnes ne sera qu'une étape sur le chemin de la véritable prise du pouvoir. Il n'y aura ni Rotonde, ni Fouquet's le soir de l'élection. Car nous aurons alors conscience de n'avoir fait qu'un pas de plus dans la forêt. Nous n'avons plus le temps de jouir en esthète des honneurs factices rendus aux rois de papier. Nous voulons le pouvoir et non son apparence. Nous savons que rendre à la cité sa souveraineté perdue est la condition de possibilité de tout le reste.

Il nous faudra trancher dans le vif. Tout de suite. Délaissant un instant le sourire bienveillant qu'arborent les amoureux du genre humain, portant sur le visage et dans les yeux la gravité du moment, habités d'une colère sourde et maîtrisée, notre premier geste sera de chasser les marchands du Temple. Nous mettrons fin à la trop longue histoire des compromissions, grandes et petites, qui ont affaibli les cités européennes ces trente dernières années.

Cette histoire, c'est celle de Gerhard Schröder, ancien chancelier allemand, de gauche, embauché par le géant russe Gazprom après avoir supervisé et financé la construction de ses gazoducs quand il était en poste. Celle de François Fillon ou de Jean-Pierre Raffarin, anciens Premiers ministres français, de droite, mettant leur expérience et leurs réseaux au service de la Russie pour le premier et de la Chine pour le second. Celle de Christian Kern, ancien chancelier autrichien, de gauche, devenu président de l'Austrian Chinese Business Association, avant-poste des intérêts chinois dans son pays. Celle d'Esko Aho, ancien Premier ministre finlandais, centriste, ayant rejoint le directoire de la banque russe proche du Kremlin Sherbank. Celle d'Yves Leterme, ancien Premier ministre belge promu coprésident du board du fonds d'investissement chinois ToJoy.

Celle, aussi, de Marion Scheller, haut fonctionnaire qui dirigea la politique énergétique allemande au sein du ministère de l'Économie avant de devenir lobbyiste en chef de Gazprom. Ou de Jacques Biot, ancien président de l'École polytechnique, qui laissa entrer Total et les intérêts chinois au sein du temple de la formation française, avant d'être nommé président du conseil d'administration de Huawei France. L'histoire de dizaines d'anciens chefs de gouvernement, ministres ou bureaucrates qui se sont vendus à des puissances étrangères hostiles. L'histoire d'élites oubliant ce que la république exige de vertu et le service de la patrie de loyauté.

En tant que président de la Commission spéciale du Parlement sur les ingérences étrangères en Europe, j'ai eu accès aux notes des divers services de sécurité, j'ai collecté, avec mon équipe, toutes les informations disponibles et j'ai pu mesurer l'ampleur de la corruption qui mine nos cités. L'ampleur, donc, de la tâche qui nous attend pour rétablir le halo de sacré qui entourait jadis l'autorité publique.

Quand vous entendez le mot « corruption », vous pensez spontanément à des tripots enfumés dans lesquels s'échangent en secret des valises de billets et à des pays comme l'Albanie ou l'Ukraine. Mais la corruption, définie comme la confusion entre l'intérêt général et les intérêts particuliers et la soumission de la puissance publique aux puissances privées, ne se limite pas à ces images d'Épinal. Elle est infiniment plus complexe et se love au cœur même du système européen.

Prenez le « modèle allemand » dont vous entendez si souvent tresser les louanges. Il est incontestable que l'Allemagne est gouvernée de façon plus ouverte et collégiale que la France. Mais, en menant mes combats au Parlement, j'ai découvert l'envers du décor : la collusion outre-Rhin du patronat et du pouvoir politique. J'ai vu les dirigeants de Volkswagen ou Siemens dicter l'agenda à Berlin. L'Allemagne a des règles très strictes sur la transparence de l'utilisation des fonds publics ou l'éthique personnelle des représentants du peuple.

Un ministre de la Défense peut être amené à démissionner pour avoir copié une partie de sa thèse vingt ans plus tôt. Mais qu'en est-il de la définition de l'intérêt général ? Quelle est l'autonomie du pouvoir politique par rapport aux puissances d'argent ? Pour vous faire une idée, laissez-moi vous raconter les derniers jours de l'année 2020 au Parlement européen.

Nous sommes le 29 décembre et les membres de la commission commerce international (INTA) sont convoqués en urgence pour une session surprise. Faisant mine d'être ravie, Marie Martin-Prat, la négociatrice en chef de la Commission européenne, nous annonce la conclusion de l'accord d'investissement avec Pékin, le *EU-China Comprehensive Agreement on Investments* (CAI). Les négociations traînent depuis plus de sept ans. Que s'est-il passé pour que l'accord soit soudain prêt à être signé ? Même les députés les plus libéraux font part de leur étonnement, voire de leur stupéfaction.

Nous venons de voter à une large majorité une résolution sur le travail forcé des Ouïghours exigeant des sanctions contre le régime chinois. La Commission européenne n'a pas encore répondu à nos demandes, et nous vend au contraire un accord destiné à approfondir nos relations avec Pékin. Le timing est désastreux. Les arguments de la négociatrice ne convainquent pas grand monde.

Nous avons tous vu, au printemps 2020, que nous étions devenus, en Europe, incapables de produire des masques ou du paracétamol, des blouses ou du curare. Nous avons réalisé que quarante années de délocalisations nous avaient rendus impotents et nous avons entendu nos dirigeants parler de souveraineté européenne et d'autonomie stratégique. Pourquoi alors signer un accord qui va accroître notre dépendance envers l'appareil productif chinois ? L'hostilité des principaux groupes du Parlement n'empêchera pas, le lendemain, Emmanuel Macron de célébrer la conclusion du CAI avec Xi Jinping et Angela Merkel lors d'une visioconférence lunaire.

Pourquoi une telle hâte ? La réponse que la négociatrice ne pouvait donner ce jour-là est simple : la présidence allemande de l'Union européenne allait prendre fin le 31 décembre et Angela Merkel avait promis à son patronat de signer le CAI avant de passer la main à la présidence portugaise. Les industriels allemands lui firent comprendre qu'une promesse était une promesse et elle fit à son tour comprendre à la Commission qu'il fallait signer. Vite. Avant la fin de l'année. Le texte était encore lacunaire ? Le gouvernement chinois refusait de prendre le moindre engagement concret sur le travail forcé ? Les enjeux de propriété intellectuelle, cruciaux pour tant d'entreprises européennes, n'étaient pas abordés ? Des détails ! Il *fallait* signer ! La Commission signa, 26 pays firent semblant d'être contents et le Président français feignit d'être au cœur d'une histoire écrite sans lui.

Pourquoi les grands patrons allemands voulaient-ils à ce point le CAI ? Parce qu'ils ont misé depuis trente ans sur la Chine comme atelier et comme marché. Volkswagen, par exemple, produit massivement en Chine et y réalise plus de 40 % de ses ventes mondiales. La marque est donc devenue, logiquement, une ambassadrice des intérêts chinois dans le débat européen. Le même processus s'applique à la plupart des grandes entreprises allemandes : dépendantes en amont (production) et en aval (ventes) de la Chine, elles ne peuvent tolérer la moindre perspective de conflit entre Bruxelles et Pékin. Nous ne rencontrons quasiment aucun lobbyiste du gouvernement chinois au Parlement : les grands patrons européens font le travail à sa place. En particulier les Allemands. Ils ont conclu à la fin du XXe siècle un pacte faustien avec le Parti communiste chinois : peu importe que les flux d'euros qui les relient aux héritiers de Mao forment une laisse qui enserre le cou de nos cités, les marges dégagées – et donc les dividendes reversés – sont trop importantes.

Dans tous les pays, des intérêts particuliers influencent les décisions politiques. Mais, en Allemagne, cela va au-delà de l'influence : l'État, le patronat et les syndicats définissent ensemble l'intérêt général. La fabrique du consensus allemand, conçue au sortir de la Seconde Guerre mondiale pour prémunir le pays contre tout aventurisme politique, efface les frontières entre le pouvoir public et les puissances privées. Lorsque les syndicats et le patronat s'accordent pour soutenir le CAI ou le gazoduc Nord Stream2, qui accentuera la dépendance européenne au gaz russe, les dirigeants politiques de droite comme de gauche répercutent. Angela Merkel est certes plus honnête que Gerhard Schröder et je doute fort qu'on la retrouve un jour au board de Gazprom ou de Huawei. De plus, ayant grandi en Allemagne de l'Est, elle n'a aucune sympathie pour les régimes russes ou chinois. Pourtant elle soutient jusqu'au bout Nord Stream2 et presse la Commission de signer le CAI. Volkswagen veut, Merkel veut. Et Merkel obtient, Volkswagen obtient. Simple, basique.

Mais pourquoi Merkel obtient-elle ce qu'elle veut ? Bruxelles n'est pas un lieu de pouvoir séparé, c'est un creuset dans lequel se définit tant bien que mal un juste milieu entre les ambitions et les lignes rouges des différents États membres. Il faut donc poser cette question à Emmanuel Macron plus qu'au président du Conseil Charles Michel ou à la présidente de la Commission Ursula von der Leyen. Pourquoi les officiels français qui dénigrent le CAI en privé s'en sont-ils réjouis en public ? Les intérêts français sont moins liés à la Chine que les intérêts allemands. Certes, notre industrie du luxe a besoin du marché chinois. Certes, Sanofi licencie en France pour embaucher en Chine. Certes, notre Président a dû lui aussi recevoir des SMS de patrons. Rien de comparable cependant avec la chancelière. Il a les mains plus libres qu'elle. Et pourtant il obtempère.

C'est la faiblesse politique de la France qui rompt l'équilibre continental. Ne délirons pas : Angela Merkel n'est pas Bismarck. Elle n'a pas les moyens d'imposer sa volonté au reste du continent si des résistances fortes apparaissent. Le problème, c'est que ces résistances n'apparaissent pas. Ou trop rarement. Au Parlement européen, nous avons réussi à organiser un front du refus du CAI et à faire reculer la Commission européenne. Prenant la mesure de notre fronde après les sanctions chinoises visant le Parlement et des députés européens, le vice-président de la Commission, Valdis Dombrovskis, annonça le 4 mai 2021 suspendre les « démarches politiques » visant à la ratification du CAI. Le 19 mai, le Parlement vota à une écrasante majorité le gel de l'accord. Le débat autour du CAI n'est pas clos, le gouvernement allemand continuera à essayer de le ressusciter, mais nous avons montré qu'il était possible d'envoyer paître Volkswagen ou Siemens. Une autre voie est possible en Europe. Encore faut-il avoir le courage de la dessiner et de la défendre.

Un Président français – ou une Présidente française – voulant *réellement* changer la donne commencera son mandat en convoquant les dirigeants des grandes entreprises françaises qui ont délocalisé leur production en Chine pour leur livrer un message clair : « Profitez de l'argent que vous avez amassé pendant toutes ces années de coma politique, parce que la fête est finie. » Il – ou elle – prendra ensuite la direction de Bruxelles et Berlin pour dire que l'intérêt de Volkswagen ou de Siemens n'est pas l'intérêt commun des peuples européens. Il – ou elle – assumera le rapport de forces que ses prédécesseurs ont refusé. Depuis trente ans, nos dirigeants ont demandé à être invités sur la photo et quémandé le lien de connexion à la réunion Zoom. Ils ont préféré l'image du pouvoir au pouvoir lui-même. Nous ferons l'inverse : nous couperons la laisse. « Quoi qu'il en coûte. »

Car, oui, il y aura un prix à payer pour redevenir libres et souverains. La cupidité des puissances d'argent et la mollesse des pouvoirs publics nous ont rendus dépendants. Changer de cap ne se fera pas sans heurts. Certains seront lésés, des entreprises verront leurs marges diminuer et celles qui ont tout misé sur l'appareil productif chinois seront menacées d'effondrement. Certains produits, aussi, seront plus chers dans les supermarchés. Mais quel est le coût du statu quo ? Quel est le coût social de la désindustrialisation ? Quel est le coût environnemental de l'éclatement des chaînes de valeur ? Quel prix payons-nous, aujourd'hui, pour être devenus un continent de consommateurs, avoir abandonné l'idée de produire chez nous et accepté de n'être plus autonomes ? Et quel prix paierons-nous demain si la trajectoire actuelle n'est pas inversée ? Rien n'est gratuit alors préparons-nous à payer le prix de la souveraineté.

Ce terme – *souveraineté* – vous heurte ? Il ne fait peut-être pas partie de votre vocabulaire habituel. Longtemps son absence a appauvri ma langue en tout cas. La souveraineté est pourtant consubstantielle à la démocratie. C'est, aussi, la condition de possibilité de toute transformation sociale ou écologique d'ampleur. Comment lutter contre le dérèglement climatique ou pour les droits humains si nous ne sommes pas souverains ? Comment accomplir ce que nous voulons accomplir, s'il existe au-dessus de nous des règles intangibles sur lesquelles nous n'avons pas prise ? Être réaliste, ce n'est pas se contenter du statu quo, c'est se poser la question des moyens de ses ambitions. Alors soyons réalistes, posons la question de la capacité de notre cité à décider en dernière instance de son destin, la question, donc, de sa souveraineté. Sans la poser, nous brasserons du vent.

Allons pour le comprendre à Gerzat, près de Clermont-Ferrand, aux portes de la seule usine de l'Union européenne qui fabriquait les bouteilles d'oxygène en aluminium équipant nos hôpitaux et nos pompiers. Elle dégageait des bénéfices massifs et occupait un créneau ultra-porteur. Son cahier de commandes était plein et le savoir-faire de ses salariés sans égal sur le continent. Ses portes sont pourtant closes aujourd'hui. Pourquoi ? Parce que les actionnaires anglo-saxons du groupe Luxfer, auquel l'usine appartenait, ont décidé de délocaliser la production hors de l'UE. Par pure logique actionnariale court-termiste. Pendant plus d'un an, les travailleurs mis sur le carreau se sont battus pour empêcher la destruction de l'outil de production et ont appelé l'État à l'aide. Il s'agissait d'un secteur éminemment stratégique, d'une industrie d'avenir et un repreneur privé se proposait : pourquoi le gouvernement n'a-t-il pas réquisitionné le site et nationalisé temporairement l'entreprise avant de la revendre à cet investisseur ?

Après avoir échangé sur place avec les syndicalistes et les élus locaux, j'ai appelé la ministre de l'Industrie, Agnès Pannier-Runacher.

– Pourquoi refuser toute nationalisation temporaire ?

– C'est impossible en l'état, il nous faudrait une loi…

– Vous avez la majorité pour la voter, non ? Qu'est-ce qui vous bloque ?

– Le Conseil constitutionnel la considérerait comme une atteinte à la propriété privée. Et de plus, Luxfer engagerait une longue bataille juridique que nous pourrions perdre.

– En 1981 le gouvernement a nationalisé à tour de bras et la Constitution n'a pas vraiment bougé depuis, c'est donc possible…

– C'était déjà compliqué à l'époque. Mais nous ne sommes plus en 1981, il y a des accords internationaux, il y a l'OMC, il y a un cadre global qui rend une telle opération périlleuse… Nous n'avons plus les mains aussi libres qu'alors…

La ministre a raison : nous n'avons plus les mains aussi libres. En quarante ans, nos dirigeants ont consenti à tant de limitations extérieures de leur pouvoir que la nationalisation temporaire d'une entreprise stratégique leur paraît un Everest infranchissable. Il est temps de libérer nos mains. Et nos têtes.

Traversons maintenant l'Atlantique et penchons-nous à nouveau sur l'histoire de ce marchand qui s'empara du Temple et le transforma en annexe de son resort de Palm Beach. Il dépassa toutes les bornes, brouilla toutes les frontières, explosa toutes les règles. Il se vanta de frauder le fisc et de faire grimper les actions de son groupe en visant la Maison-Blanche. Et pourtant il séduisit des millions de travailleurs jadis acquis à la gauche. Pourquoi ? Que leur a-t-il dit de si convaincant en 2016 ? Qu'a-t-il fait ensuite pour conserver le soutien de tant d'entre eux en 2020 ? Donald Trump est menteur, sexiste et xénophobe, nous sommes d'accord. Mais la promesse qu'il fit aux ouvriers du Michigan se résumait-elle à un déferlement de pulsions ?

Non. Il y avait plus que cela dans le discours de Trump. Il a dit aux travailleurs du Midwest qu'il les aimait et il leur a juré de les défendre. Il leur a promis de sortir des fadaises sur le «win-win» universel de la globalisation et de tourner la page de l'idéologie du laisser-faire, laisser-aller qui avait enrichi la Chine et les actionnaires des grandes entreprises, mais les avait appauvris, eux. Avait-il tort ? Il a dit et fait beaucoup d'autres choses, évidemment, des choses graves qui auraient dû empêcher ces travailleurs de voter pour lui. Mais si on ne saisit pas pourquoi Donald Trump a séduit un ouvrier de Flint, autant donner directement les clés de l'Élysée à Marine Le Pen. Joseph Biden l'a compris, lui, et se garde bien de revenir aux politiques libre-échangistes d'avant 2016. Il devient urgent que les dirigeants européens le comprennent à leur tour.

Les citoyens ne sont pas que des consommateurs et les prix dans les étals ne sont pas leur seule boussole. Ils veulent consommer certes, mais ils veulent aussi travailler et produire. Ils regardent à droite, à gauche, et jugent les politiques menées aux ruines industrielles qui les entourent. Ils ont l'impression d'avoir été sacrifiés. Ils sont en colère. Et ils ont raison. Le candidat ou la candidate qui réussit à incarner le mieux la rupture avec quarante années de libre-échange généralisé obtiendra leur adhésion. Même s'il a le teint orange et une montagne de casseroles au cul. Même si elle est à la tête d'un mouvement fondé par des collabos et des tortionnaires.

Longtemps, ma famille de pensée, par hostilité au nationalisme et par fidélité au rêve européen des origines, a refusé de débattre sérieusement de la souveraineté. Il *fallait* l'Europe. À tout prix. La mémoire et l'invocation de la mémoire discréditaient a priori toute critique virulente des directions prises par l'Union européenne. L'ouverture totale de nos marchés aux vents de la globalisation dans les années 1990 ? Ce n'était pas notre projet, mais au moins c'était l'Europe et il *fallait* l'Europe ! L'orthodoxie budgétaire et les réformes structurelles des années 2000 ? Ce n'était pas notre projet, mais au moins c'était l'Europe et il *fallait* l'Europe ! Parce qu'il « fallait » l'Europe, nous avons accepté la dilution du politique, sa soumission au marché.

L'ajournement du débat n'est plus tenable et l'ordre des priorités doit être inversé : l'axiome est le primat du politique sur l'économique et le financier. Le choix de l'échelle – nationale ou européenne – vient après. Non pas : « Il faut l'Europe à tout prix ! » Pas plus : « Il faut la nation à tout prix ! » Mais : « Il faut reprendre le contrôle sur notre destin à tout prix ! » Et ensuite demandons-nous si l'Union européenne est un frein ou une aide à cette reprise en main. À quelle échelle pourrons-nous lutter le plus efficacement pour le climat et imposer des règles aux multinationales ? À quelle échelle pourrons-nous contenir la superpuissance chinoise et affirmer notre autonomie, y compris sur le plan militaire, vis-à-vis des États-Unis ? À quelle échelle pourrons-nous avoir un impact sur la globalisation ?

En posant ces questions et en les prenant au sérieux, on comprend que la sortie de l'UE ne saurait être un objectif : l'échelle européenne est potentiellement la bonne pour relever ces défis. Mais il faut, pour cela, que l'Union remise au placard le culte de l'orthodoxie budgétaire, la religion du libre-échange et le dogme de la concurrence libre et non faussée. Qu'elle se dote des moyens de défendre ses intérêts stratégiques et de protéger ses producteurs. De contrôler ses frontières, donc. Oui, ses frontières, car il n'y a pas de communauté politique sans définition d'un espace commun. La puissance suppose la limite pour s'affermir et les mots universels, s'ils ne sont lestés du poids de la souveraineté, s'envolent dans le ciel vain des pétitions de principe. Il ne s'agit pas là de renier nos ambitions cosmopolitiques, mais de comprendre qu'il faut un sol pour parler à la Terre et une conscience de soi pour entrer en résonance avec les autres. L'ouverture aux quatre vents de la globalisation n'a pas élargi la communauté des êtres libres à l'ensemble de la planète, elle a ébranlé la certitude d'être libres là où nous l'étions.

Pour obtenir ce bouleversement des politiques européennes, nous devrons assumer le conflit. Construire une coalition de pays et de forces politiques pour changer les traités et les politiques menées. Dramatiser les enjeux, ou plutôt cesser de les dédramatiser car ils sont en eux-mêmes dramatiques. La fidélité à la promesse faite aux peuples que la construction européenne leur permettrait de peser sur la marche du monde suppose de rompre avec ce qui la contredit au cœur même du logiciel bruxellois.

Nous voulons que l'Union européenne devienne adulte. Pour qu'elle le devienne, elle doit se doter de capacités sérieuses de défense et de sécurité. Elle restera mineure tant qu'elle dépendra des États-Unis sur le plan militaire. Nous avons tellement pris l'habitude du parapluie américain que nous ne parvenons plus à nous imaginer autonomes. Appuyons une nouvelle fois sur le bouton pause, revenons sur cette folle nuit électorale américaine du 3 novembre 2020 et la semaine délirante qui l'a suivie. Nous nous sommes passionnés pour le décompte des voix dans des comtés dont nous n'avions jamais entendu parler auparavant. Comme si notre avenir dépendait du verdict des urnes dans des bleds paumés du Michigan. Nous avions en grande partie raison, mais est-ce une situation normale ? Est-ce une attitude digne ? Nous pouvons nous allier avec les États-Unis, mais nous ne sommes pas aujourd'hui des partenaires, nous sommes – au choix – des vassaux ou des boulets. Seul État membre de l'UE doté, grâce au général de Gaulle, de la dissuasion nucléaire et d'une armée puissante, la France a un rôle immense à jouer pour sortir l'Europe de l'enfance. Nous l'assumerons.

Voici l'ambition qui guidera nos pas. Elle se traduira dans un nouveau contrat de souveraineté, une base pour initier la transformation plus qu'un programme exhaustif.

Pour une cité souveraine

1. Un continent de producteurs

Nous mettrons en place le Made in Europe Act, visant à l'émergence de champions industriels européens. Nous lancerons des investissements massifs dans la recherche et le développement. Pour utiliser la commande publique, bras armé de la cité en économie, afin de favoriser nos producteurs et de renforcer notre autonomie, nous mettrons en place un Buy European Act réservant nos marchés publics en priorité aux producteurs européens. Le devoir de vigilance des entreprises, appliqué à toute entreprise basée en Europe ou désirant accéder au marché européen, contribuera à l'effort de relocalisation et à la réorientation des échanges globaux.

2. Un protectionnisme écologique

Nous généraliserons et développerons la taxe carbone aux frontières de l'Union européenne. La lutte contre le dérèglement climatique exige de taxer les importations en fonction de leur coût carbone et la réindustrialisation du continent suppose de protéger nos producteurs de la concurrence de pays qui ne respectent ni les règles sociales, ni les normes environnementales que nous leur imposons. Nous proclamerons un moratoire sur la signature et la négociation d'accords de libre-échange. Nous identifierons les régimes politiques et les types de productions que nous voulons encourager et aménagerons nos tarifs douaniers comme nos aides en fonction. Nous mettrons ainsi enfin notre puissance commerciale au service de nos ambitions politiques et de nos principes.

3. Des ressources propres

Nous donnerons à l'Union européenne les moyens de ses ambitions en multipliant ses ressources propres. En 1988, 30 % du budget européen provenait de ressources propres (droits de douane, droits agricoles...), 60 % de transferts automatiques de TVA et 10 % de transferts des budgets nationaux. Trente ans plus tard, près de 75 % du budget européen provient des transferts des budgets nationaux. Nous inverserons la tendance en imposant la taxe sur les transactions financières. Une taxe de 0,1 % sur les flux financiers rapporterait 57 milliards d'euros par an. Avec la taxe carbone aux frontières et la taxe kérosène, ces nouvelles ressources permettront de mener à bien de grands chantiers industriels, écologiques et sociaux sans augmenter les transferts de fonds des États.

4. Une défense commune

Croyant à la fin de l'Histoire, les élites européennes ont bâti une cité sans défense. Or sans défense propre, il n'y a pas d'autonomie, donc pas de véritable cité. Nous élargirons à toute l'Union les garanties de sécurité - y compris nucléaires - que seule la France peut offrir en Europe et nous construirons une politique de défense et de sécurité commune digne de ce nom, passant à la majorité qualifiée sur ces questions. Le Fonds européen de défense sera considérablement augmenté et le Buy European Act appliqué aux équipements militaires contribuera à l'autonomie stratégique du continent.

II. Nous réveillerons la démocratie

Nos critiques, nos colères et nos frustrations envers les démocraties européennes ne doivent jamais nous faire oublier qu'elles restent des oasis de paix et de liberté dans un monde en proie aux tyrans et aux fanatiques. Nous voulons simplement les réveiller et les rendre fidèles à leurs principes. Fatiguées, elles ont souvent l'impression d'avoir été au bout de leur histoire. Nous allons prouver que c'est faux.

Que voulons-nous faire pour régénérer la démocratie française ? Redonner du pouvoir aux citoyens. Comment ? En en reprenant au Roi, à sa Cour et à sa bureaucratie. À la fin de *Game of Thrones*, le dragon ne punit pas Jon Snow pour son crime, il brûle le trône de fer. Il a compris que le problème n'est pas la personne qui occupe le trône, mais le trône lui-même. Son approche structurelle et non anecdotique de la question politique ne permettrait pas de meubler les huit saisons de la série, elle permet par contre de la conclure. La chronique des soubresauts et des déboires de la Vᵉ République a trop duré et nous devons, nous aussi, nous attaquer à la couronne elle-même, pas seulement à la tête qui la porte.

Notre scène politique ressemble de plus en plus au cycle des tragédies royales de Shakespeare. Chaque épilogue voit l'arrivée d'un nouveau roi unanimement célébré qui devient automatiquement, dès le prologue de la pièce suivante, le tyran à abattre. À peine sacré, le prince est déchu. «Atteindre le sommet, c'est rouler dans l'abîme», prévient Richard III. Depuis Jacques Chirac, le retournement de l'opinion a été chaque fois plus rapide, plus violent. Jusqu'à devenir proactif en 2017, lors d'une campagne surréaliste qui donna naissance à un nouveau concept politique : le «dégagisme». Le Président sortant, François Hollande, ne put se présenter, Alain Juppé devait gagner et fut éjecté, François Fillon le remplaça comme favori et fut terrassé... Emmanuel Macron enjamba lestement les cadavres des favoris et s'avança, seul, vers la gloire.

Le jeune héros avait analysé froidement les errements de ses prédécesseurs. Il avait tout vu, tout compris, tout noté. Tout, sauf peut-être l'essentiel : l'agonie de la monarchie elle-même. Il avait lu chaque tragédie royale, mais n'avait pas embrassé le cycle dans son ensemble. «Au nom du Ciel, asseyons-nous sur terre et disons la triste histoire de la mort des rois» (*Richard II*, III, 2) : Shakespeare ne raconte pas la mort de tel ou tel roi, mais «la mort des rois» en général. Et, un an après sa marche triomphale dans la cour du Louvre, Emmanuel Macron dut courir dans le bunker de l'Élysée pour échapper à la colère des Gilets jaunes.

Il aurait pu, en 2017, faire le pari de la Révolution, il fit celui de la Restauration : le pari d'aller au bout de la logique de la Ve République léguée par le général de Gaulle. Taillée pour un (grand) homme qui avait l'onction de l'Histoire et qui voulait se débarrasser des partis, elle n'est pas simplement caractérisée par l'ultra-personnalisation et la concentration du pouvoir, mais aussi par son corollaire : l'omnipotence de la technostructure. Un roi, une bureaucratie : ce mariage, hérité de l'Ancien Régime selon Tocqueville, irrigue notre régime politique depuis 1958 et triomphe dans sa version macronienne. Le résultat ? Un pays en état de suffocation démocratique. Une cité cocotte-minute.

Souvenez-vous des pirouettes sémantiques de nos ministres sur les masques lors du premier confinement au printemps 2020 et dites-vous que cette infantilisation des citoyens n'est pas neuve. Du nuage de Tchernobyl qui s'arrêta miraculeusement à nos frontières au scandale du sang contaminé qu'il ne fallait surtout pas révéler pour ne pas paniquer le peuple, quitte à ne pas rappeler les transfusés et les laisser contaminer leurs proches, notre bureaucratie postule que nous sommes des mômes qu'il faut à tout prix protéger de la vérité. Il ne suffira pas de réformer les institutions, il faudra une révolution culturelle au sein de l'État, un changement des pratiques et des mentalités. Le mandat d'Emmanuel Macron, qui devait donner de l'oxygène à notre démocratie, a parachevé la captation technocratique du pouvoir. En remisant au placard les anciens partis sclérosés sans faire émerger de nouvelle force politique cohérente, en méprisant les élus locaux et les corps intermédiaires, il a libéré les grands serviteurs de l'État de toute tutelle politique et a réalisé le vieux rêve de l'administration française : le règne de la raison bureaucratique.

Dans *les Frères Karamazov* de Dostoïevski, le poème du Grand Inquisiteur met en scène le retour du Christ sur terre, au temps de l'Inquisition. Il traverse Lisbonne, voit le fanatisme et la misère partout. Nulle trace nulle part de son message originel de liberté, de fraternité et de pardon. Il décide donc de se signaler au peuple pour réveiller les consciences. Aussitôt, Jésus est arrêté et jeté en prison. Le Grand Inquisiteur, véritable chef de l'Église portugaise, vient le voir dans sa cellule et, loin de s'excuser, l'attaque frontalement : pourquoi diable est-il revenu ? Ne voit-il pas que l'humanité est faible et que la liberté qu'il prône plonge le monde dans le chaos ? Dans cette scène incroyable, le vieux clerc explique froidement au Fils de Dieu que tous ces bûchers, toutes ces privations, tous ces mensonges visent à protéger les hommes du monde, d'eux-mêmes et de lui : « Nous les persuaderons qu'ils ne seront vraiment libres qu'en abdiquant leur liberté en notre faveur. Eh bien, dirons-nous la vérité ou mentirons-nous ? Ils se convaincront eux-mêmes que nous disons vrai, car ils se rappelleront dans quelle servitude, dans quel trouble les avait plongés ta liberté. Sans doute en recevant de nous les pains, ils verront bien que nous prenons les leurs, gagnés par leur propre travail, pour les distribuer, sans aucun miracle, ils verront bien que nous n'avons pas changé les pierres en pains, mais ce qui leur fera plaisir, c'est de les recevoir de nos mains ! »

L'Église désobéit à Dieu pour sauver l'homme. Selon le Grand Inquisiteur, elle s'est construite comme structure pour annuler et non répandre le message du Christ. Elle se réclame de lui pour mieux l'effacer. Le christianisme en tant qu'organisation cléricale s'oppose au christianisme comme foi. En va-t-il différemment de la République française telle que nous la connaissons aujourd'hui ? L'institution qu'on appelle République se perpétue en élimant le geste subversif qui lui donna naissance. Des hommes graves demandent aux citoyens de s'incliner sagement devant les mots qui les appelaient à se tenir debout : République, démocratie, liberté, égalité, fraternité… Les grands commis de l'État, comme naguère les évêques de l'Église, prennent sur leurs épaules la continuation de la structure contre le message originel qui la légitime en théorie et la menace en pratique. Alexis Kohler, l'omnipotent directeur de cabinet d'Emmanuel Macron, est notre Grand Inquisiteur à nous. Et il a sous ses ordres des dizaines de prélats habités par la sainte mission de guider le troupeau. « Nous organiserons leur vie comme un jeu d'enfant », dit le vieillard de Dostoïevski. L'administration française approuve.

Ce jeu de dupes fonctionne à condition que le Grand Inquisiteur ne devienne jamais pape ou roi lui-même. Il tient dans ses mains la réalité du pouvoir, mais il a besoin d'un pape et d'un roi au-dessus de lui pour justifier ses prérogatives et divertir les masses. Le Palais et le Vatican offrent un spectacle qu'il sait nécessaire à la réussite de son action en coulisses. Or, en France en 2017, la technostructure a été contrainte de faire irruption sur le devant de la scène. Face à la déroute des alternances droite-gauche et à la débandade des vieux partis, les véritables capitaines du navire ont dû prendre *officiellement* en mains le gouvernail. Le meilleur d'entre eux s'est assis sur le trône et leur a confié les clés au su et au vu de la nation. L'État – en tant que machine – est désormais nu et ses serviteurs de l'ombre prennent soudainement la lumière. Lorsque le décor s'effondre, le système entre en crise et la cité a besoin de décisions radicales.

Que faire ? Dans son opuscule « Qu'est-ce que les Lumières ? », Emmanuel Kant donne la réponse : « Qu'est-ce que les Lumières ? La sortie de l'homme de la minorité dont il est lui-même responsable. L'état de minorité est l'incapacité de se servir de son entendement sans être dirigé par un autre. Elle est due à notre propre faute lorsqu'elle résulte non pas d'une insuffisance de l'entendement, mais d'un manque de résolution et de courage pour s'en servir sans être dirigé par un autre. *Sapere aude!* Aie le courage de te servir de ton propre entendement! Telle est la devise des Lumières.» La minorité n'est ni un état naturel, ni une affaire de développement historique, elle est une question de volonté. Notre programme est simple : proclamer la majorité du citoyen français.

Kant nous prévient que les gardiens du temple ne se laisseront pas faire et qu'ils nous mettront en garde contre tout changement : «Après avoir rendu stupide le bétail domestique et soigneusement pris garde que ces paisibles créatures ne puissent faire un pas hors du youpala dans lequel ils les ont placés, ils leur montrent ensuite le danger qu'il y aurait à marcher seuls.» Nos dirigeants nous répètent que nous ne sommes pas prêts pour un système moins vertical et plus démocratique. La proportionnelle? Ce serait le chaos! La suppression du droit de dissolution? Ce serait la chienlit! Le Référendum d'initiative citoyenne (RIC)? Ce serait le tumulte! Mais enfin, les enfants, vous voyez bien que les Français ne sont ni des Allemands, ni des Anglais, ni des Espagnols, ni des Portugais : ce sont des «Gaulois réfractaires», ingérables et immatures! Alors, les laisser se gouverner eux-mêmes, vous n'y pensez pas!

Nous opposerons à ce discours une vérité simple : on apprend à marcher en marchant. Et en tombant. Si vous maintenez éternellement votre enfant dans son youpala par peur qu'il ne trébuche, il n'apprendra jamais à se déplacer seul. Kant, encore lui, donne sa maxime à la refondation démocratique que nous appelons de nos vœux : « On ne peut mûrir pour la liberté qu'à la condition préalable d'avoir été placé dans cette liberté. » Pour apprendre à vivre libre, il faut être libre. Pour se conduire de manière responsable, il faut être placé en responsabilité. Plus nous serons traités comme des enfants, moins nous serons adultes. Donc moins nous serons « prêts » à être libres...

Nous briserons ce cercle vicieux. Faisant le pari que les Français ne sont pas plus idiots que leurs voisins, nous les ferons sortir de leur youpala, nous redonnerons au pouvoir législatif son autonomie et au pouvoir judiciaire son indépendance, nous permettrons à l'opposition d'exister dans les institutions et aux citoyens d'avoir leur mot à dire en continu. Les Suisses vivent au rythme des votations populaires et les Britanniques ont un Parlement souverain : connaissent-ils plus que nous les affres de l'instabilité ? Loin de là ! L'atmosphère est chez eux moins insurrectionnelle que chez nous.

Notre République offre trop peu de débouchés aux contradictions qui animent le corps social. Or l'institutionnalisation du dissensus est la base de toute constitution républicaine. Dans ses *Discours sur la première décade de Tite-Live*, Machiavel s'interroge sur les principes qui rendirent la république romaine si puissante. Loin d'être son harmonie, c'est sa division permanente qui fut le moteur de son expansion. Sans cesse opposée à elle-même, allant jusqu'à institutionnaliser la lutte des classes, Rome aiguisa la vertu de ses citoyens comme aucune autre cité en maintenant un haut niveau de conflictualité en son sein. Une institution en particulier attire l'attention de Machiavel : les tribuns de la plèbe. Représentants des classes laborieuses, ils firent contrepoids à l'aristocratie sénatoriale et équilibrèrent le système politique romain. En politisant les colères sociales, ils les rendirent profitables à la cité, éloignant le spectre de l'avachissement et de la corruption. Garants de la division de la cité, ils la tenaient éveillée et assuraient sa vitalité.

Pour conjurer le spectre de la guerre civile, il faut institutionnaliser la contradiction plutôt que feindre une unité de façade. Pour empêcher le déclin, il faut civiliser le conflit et non le nier. Nous déconfinerons donc le débat public et ferons sonner partout le réveil civique.

Pour une cité démocratique

1. La défense des droits et des libertés

Nous étendrons les pouvoirs du Défenseur des droits et en ferons la vigie de notre démocratie. Nous placerons sous son autorité les missions de l'Inspection générale de la police nationale (l'IGPN), ainsi que le suivi des recours visant l'administration ou la censure des messages de haine et des appels à la violence sur les réseaux sociaux. Actuellement désigné par le président de la République, le Défenseur des droits sera désormais choisi par l'opposition parlementaire — chaque groupe politique de l'Assemblée nationale, sauf la majorité, pourra proposer un candidat — puis validé par le Conseil constitutionnel après audition. Son indépendance sera garantie et ses moyens considérablement augmentés.

2. Une démocratie continue

Nous mettrons en place le Référendum d'initiative citoyenne (RIC). Pour enclencher ce RIC, il faudra obtenir la signature de 2 % des personnes inscrites sur les listes électorales (soit environ 800 000 personnes). La proposition qui aura collecté le nombre requis de signatures sera soumise à un contrôle de constitutionnalité. Le débat pourra alors commencer. Il sera encadré. Une convention citoyenne ad hoc, tirée au sort, sera chargée, en amont du vote, d'évaluer l'impact et les conséquences du scrutin après avoir auditionné des experts de tous bords dans des séances publiques retransmises en direct. Cette assemblée établira une cartographie des arguments en présence, qui sera jointe au matériel électoral et accessible à tous. L'idée n'est pas simplement de voter et de trancher, mais de maintenir vivant le débat dans notre cité[1].

3. Le financement citoyen de la vie politique

Les citoyens financeront directement les partis politiques via la mise en place des Bons pour l'égalité démocratique (BED)[2]. Chaque contribuable, au moment de sa déclaration d'impôt annuelle, pourra attribuer 7 euros d'argent public au parti politique de son choix. Aujourd'hui, les élections législatives fixent les financements publics pour les cinq années qui suivent, assurant une rente à des coquilles vides. D'autre part, les plus fortunés ont trop de poids dans les financements des campagnes. Les BED obligeront les partis à maintenir un lien constant avec les électeurs, hors campagne, et favoriseront l'émergence de forces alternatives si la scène politique ne convient plus aux citoyens. Nous créerons aussi une Banque

1. « Le référendum d'initiative citoyenne délibératif », Loïc Blondiaux et collectif, rapport de février 2019 pour Terra Nova.
2. *Libres et égaux en voix*, Julia Cagé, Fayard, 2020.

publique de la démocratie (BPD) destinée à soutenir le pluralisme politique en prêtant aux partis politiques les fonds nécessaires à leurs campagnes, privant les banques privées du rôle qu'elles jouent actuellement.

4. L'élargissement du périmètre de la citoyenneté active

Il ne faut pas que ce soient toujours les mêmes qui participent ! Pour permettre aux citoyens qui travaillent de participer activement à la vie civique et politique du pays, nous lancerons la RTT citoyenne : chacun pourra obtenir 4 heures rémunérées par mois pour les consacrer à un parti politique ou à une association reconnue d'utilité publique. De plus, nous donnerons le droit de vote aux élections municipales à tous les étrangers résidant en France depuis cinq ans qui en émettent le souhait. Enfin, nous abaisserons le droit de vote à 16 ans.

III. Nous allons – vraiment – remettre de la République partout

La France n'est pas simplement une démocratie, c'est aussi une République. Les deux ne se confondent pas : la démocratie donne le pouvoir (*kratos*) au peuple (*demos*). Elle nous permet de choisir notre chemin, mais elle n'en indique aucun, fournit le cadre, pas la boussole. Elle ne fixe pas de cap, ne donne pas de sens. La République, au contraire, est un projet philosophico-politique hérité des Lumières. Plus qu'une structure ou un édifice institutionnel, c'est un horizon de transformation sociale, un idéal d'émancipation individuelle et collective. La disparition de cet horizon et la crise de cet idéal poussent la France au bord de l'abîme.

Tous les politiques promettent donc constamment de « remettre de la République partout ». C'est devenu le grand refrain de notre vie publique. Que veulent dire ceux qui répètent cette injonction sans l'expliciter ? Limitent-ils son sens à la lutte contre l'insécurité ? Ou bien dessinent-ils à travers elle un projet de société bien plus vaste ? Nous ne le saurons pas. Mais nous ferons, nous, de cette phrase un véritable projet politique.

« Remettre de la République partout », c'est d'abord redonner un sens au nom même de « République ». Au fil des démissions et des renoncements de nos dirigeants, ce nom s'est vidé de sa substance, il est devenu l'un de ces mots qui « chantent plus qu'ils ne parlent » qu'évoque Paul Valéry. Plus on l'utilise, moins il signifie. Nous allons le faire parler à nouveau, ce nom qui faisait jadis vibrer les faubourgs et trembler les palais, et ne fait plus aujourd'hui ni peur, ni rêver. Son insignifiance actuelle menace notre cité de ruine et il n'y a rien de plus urgent que de lui redonner sens.

Rien de plus urgent parce que la France se délite sous nos yeux et qu'elle est attaquée. Les attentats terroristes qu'elle subit depuis des années auraient ébranlé la nation la mieux portante : leur impact dans un pays en proie au doute est dévastateur. Certains leaders politiques aimeraient se contenter d'un tweet désolé ou courroucé, d'un hashtag compatissant ou d'une bougie aux fenêtres après chaque tuerie, espérant secrètement que cela « passe ». Mais cela ne « passera » pas.

Comment voudriez-vous que le 19 mars 2012 puisse « passer » ? Ce jour-là dans le quartier de la Roseraie à Toulouse, rue Jules-Dalou plus précisément, un jeune homme pénètre dans l'école Ozar Hatorah, exécute froidement Gabriel et Arié Sandler, 3 et 6 ans, puis poursuit Myriam Monsonégo, 8 ans, dans la cour de récréation, l'attrape par les cheveux, pointe son pistolet sur elle, ne réussit pas à tirer, change d'arme et l'abat d'une balle dans la tempe. En France, au XXIe siècle, des enfants sont tués simplement parce qu'ils sont Juifs.

Dans les jours précédents, le même terroriste avait tué Imad Ibn Ziaten, Abel Chennouf et Mohamed Legouad parce que militaires. Depuis, un professeur a été décapité pour avoir montré un dessin à Conflans-Sainte-Honorine, un prêtre a été égorgé dans son église à Saint-Étienne-du-Rouvray, 130 personnes ont été tuées en une nuit à des terrasses de café et dans une salle de concert à Paris, des clients d'une supérette kasher ont été exécutés, des caricaturistes ont été tués pour avoir moqué un prophète, un couple de policiers a été supplicié chez lui, 86 femmes, hommes et enfants ont été écrasés sur la promenade des Anglais…

« Remettre de la République partout », c'est combattre partout les fanatiques qui nous ont déclaré la guerre. La lutte sécuritaire contre les réseaux djihadistes est vitale. Mais elle n'est pas suffisante. Nous devons aussi affronter l'idéologie qui sous-tend le terrorisme : le fanatisme islamiste. Une idéologie et non une religion, les islamistes et non les musulmans. J'ai du mal à comprendre pourquoi tant de gens sont gênés lorsqu'il s'agit de désigner l'ennemi qui nous assaille. J'ai vu, en Algérie, un peuple musulman résister aux terroristes islamistes et j'ai vu des gens très pieux combattre les Groupes islamiques armés (GIA) les armes à la main dans leur village. Je n'ai donc ni les pudeurs de gazelles de ceux qui n'osent pas nommer les islamistes, ni les pulsions de croisades de ceux qui visent les musulmans.

« Remettre de la République partout », c'est combattre l'intégrisme au nom des libertés qu'il attaque et non en les mettant entre parenthèses, c'est défendre, cultiver, sacraliser ce droit de sortie – le droit d'abandonner et de critiquer tout système de croyance, en privé comme en public – qui forme le cœur battant de la laïcité française. Ce droit de sortie nous dit que rien, en République, ne doit nous interdire de vivre pleinement notre foi ou notre absence de foi et que tout, par contre, doit nous empêcher d'obliger l'autre à la vivre avec nous. Mais il dit bien plus que cela, il va bien plus loin que la non-contrainte : il dit que la cité doit offrir à tout individu la possibilité *réelle* de s'émanciper de l'identité qui lui fut transmise et des déterminations qui pèsent sur lui. Cela suppose de rencontrer, au cours de nos existences respectives, ce qui dépasse et transcende notre environnement social, culturel ou religieux immédiat : la *res publica*, la *chose commune*.

Interrogeons-nous donc : quand cette rencontre de chacun avec la République a-t-elle lieu en 2021 ? Rarement. À l'école, en principe. Et encore… Lorsque les riches et les pauvres habitaient les mêmes rues à des étages différents, elle pouvait brasser les classes sociales et servir de creuset républicain. Elle ne peut plus le faire lorsque les différences sociales se muent en ségrégations géographiques, lorsque les établissements accueillent des élèves de quartiers socialement homogènes. Demander aux instituteurs de compenser l'ensemble des renoncements de la cité est une folie. Les hussards noirs de la fin du XIXe et du début du XXe siècle formaient l'avant-garde d'un projet global, d'un récit mobilisateur, d'institutions conquérantes. Les professeurs sont désormais les postes avancés d'un État en pleine retraite et d'un universalisme déliquescent. Leur mission relève de l'impossible.

« Remettre de la République partout », c'est briser les murs des ghettos qui font de la France un archipel. Pour vaincre le séparatisme, il faut lutter contre la séparation. Or rien, aujourd'hui, ne nous empêche de vivre en autarcie, parmi les « nôtres ». Tout même nous y encourage : la segmentation géographique, le triomphe de l'individualisme, l'affaiblissement de l'autorité publique et de ses représentants, la crise des corps intermédiaires – syndicats ou partis – qui réunissaient des citoyens d'horizons culturels ou sociaux divers… Une République ne peut vivre lorsque ses enfants de Trappes, du VIIe arrondissement de Paris ou de Guindrecourt-sur-Blaise ne se croisent jamais. Alors que régnait dans les années 1990 le mythe de la fin de l'Histoire et son corollaire, le rejet de toute contrainte publique pesant sur nos existences particulières, nos dirigeants ont supprimé le service militaire sans même se poser la question de le remplacer. Ce fut une erreur. Nous instaurerons un service civique universel et obligatoire.

« Remettre de la République partout », c'est remettre le citoyen au poste de commandement en chacun de nous. Nous sommes plus que des hommes et des femmes, plus que des riches et des pauvres, plus que des croyants ou des athées, plus que des chrétiens ou des musulmans, plus que des Noirs ou des Blancs, plus que des hétérosexuels ou des homosexuels, plus que des personnes singulières : nous sommes des citoyens. Il existe en nous une part d'universel qui s'efface si nous ne la cultivons pas, si nous ne faisons pas régulièrement l'effort de sortir de nous-mêmes. J'ai évoqué la formidable opportunité démocratique que représentent les réseaux sociaux. Encore faudrait-il que nous y parlions en tant que citoyens, pas simplement en tant qu'individus ou membres d'un groupe donné. Est-ce le cas ? Nos colères et nos compassions ne reflètent-elles pas souvent une forme de narcissisme communautaire ? J'admire les gens capables de se révolter contre l'injustice subie par autrui, nettement moins ceux qui ne s'indignent que des souffrances infligées aux « leurs ».

« Remettre de la République partout », c'est remettre de la philosophie partout. Oui, de la philosophie. Nous devons réapprendre à penser au-delà de nous-mêmes, contre nous-mêmes. La sortie de soi qui est au principe de la citoyenneté est aussi le fondement de la philosophie. En demandant à chaque Athénien de s'interroger sur le bien en soi, c'est-à-dire le bien pour tous, plutôt que sur le bien pour soi, sur le juste en soi, c'est-à-dire le juste pour tous, plutôt que sur le juste pour soi, Socrate poussait ses interlocuteurs à mourir à eux-mêmes. Et, ce faisant, il transformait des individus en citoyens. Chacun de ses dialogues est un manuel d'éducation à la citoyenneté. Voilà pourquoi notre République a fait de la philosophie un pilier de son projet éducatif. Pour émanciper les jeunes Français du carcan de déterminations qui les enserre. Pour les extraire de leur environnement et les former au débat civique – cette conversation publique dont chaque terme doit être universalisable, appropriable par tous. Le fait que notre pays soit l'un des seuls au monde à rendre obligatoire l'enseignement de la philosophie à toute une classe d'âge, dès le lycée, révèle l'ambition de la République Française : faire émerger un peuple de citoyens libres.

Cette ambition nécessite un effort constant, individuel et collectif. Sortir de soi, mettre à distance ses préjugés, dépasser ses intérêts particuliers, cela s'apprend. Parfois dans la douleur. Les interlocuteurs de Socrate lui répondent d'abord en tant que personnes singulières. Il doit – par ses questions incessantes – leur faire violence, les obliger à se décentrer. Certains, souvent les privilégiés, ceux qui ont le plus à perdre en sortant d'eux-mêmes, l'insultent et le menacent. Les interrogations de Socrate ont généré une telle haine qu'il fut condamné à mort. En le réduisant au silence, Athènes a scellé son déclin. Tout comme l'abandon de l'enseignement de la philosophie à toute une génération marquerait la déchéance de notre République. Pour redevenir une cité authentiquement républicaine, la France doit à nouveau aspirer à être une nation de philosophes.

« Remettre de la République partout », c'est remettre de l'indétermination partout. Entendons-nous bien : Socrate ne nous livre pas de définition clé en main de la justice, du bien ou du mal, il nous livre la méthode pour en débattre. Les cours de philosophie ont pris la place des leçons de théologie, mais la philosophie n'est pas, ne peut pas être un nouveau catéchisme. Tout comme l'universalisme républicain n'est pas, ne peut pas être une religion de substitution. C'est une manière de vivre, de dire et d'agir plus qu'un corpus idéologique à apprendre par cœur et répéter bêtement. C'est, pour reprendre un vers de René Char, un « héritage qui n'est précédé d'aucun testament ». Loin d'être un défaut, cette indétermination constitutive est un trésor : chaque génération peut, doit s'emparer du stylo et continuer le récit français. Nous sommes toutes et tous des héritiers et nous sommes aussi toutes et tous des rédacteurs d'avenir. Nul besoin de nier ses origines pour appartenir à la cité. Au contraire, chacun apporte son écot au pot commun. Et le fait que le récit français de 2021 ne soit pas le même que celui de 1821 ou de 1921 ne le rend pas moins français.

« Remettre de la République partout », c'est lutter partout contre les assignations à résidence identitaire. Pour qu'advienne la rencontre de tous, encore faut-il que nul ne soit empêché de se rendre au rendez-vous commun. Cela suppose d'un côté de lutter contre le communautarisme. Et, de l'autre, de combattre les discriminations. Chaque relégation structurelle dans notre société est une négation de la République. Tant qu'un Français noir ou un arabe se fait contrôler vingt fois plus que moi par la police ou a trente fois moins de chance d'obtenir un logement à salaire égal, il aura plus de difficulté que moi à croire en la promesse républicaine. Il n'y a pas en France de racisme d'État, car il n'y a pas d'institution ou de loi visant à imposer des traitements différents aux citoyens en fonction de leur origine, de leur couleur de peau ou de leur religion. Il y a par contre un racisme dans l'État et la société qui contredit *dans les faits* les discours universalistes. Sans lutte contre le racisme et les discriminations, il n'y a pas de cité républicaine possible.

« Remettre de la République partout », c'est chercher partout à démanteler les structures de domination les plus ancrées, à commencer par le legs de la vision patriarcale qui a façonné nos sociétés depuis des millénaires. C'est embrasser le combat féministe pour une égalité encore si loin d'être acquise *dans les faits*. Les femmes sont toujours moins payées, moins représentées dans les cercles de pouvoir, moins écoutées dans les cénacles politiques, plus violentées, plus bloquées dans leurs carrières, plus sacrifiées lorsque vient un plan social... Structurellement dominées. Ceux qui ont condamné le mouvement #MeToo ou scrutent chaque discours féministe pour y trouver une raison de discréditer la révolte anti-patriarcale au nom de l'universalisme républicain confondent celui-ci avec la préservation du statu quo social, c'est-à-dire son antithèse. La réalité n'est pas universaliste, c'est indéniable. Tout universaliste conséquent doit donc la critiquer et viser à la faire évoluer. Notre cité sera féministe et antiraciste parce qu'elle est universaliste.

« Remettre de la République partout », c'est reprendre la longue quête de justice qui anima celle qu'on appelait jadis « la Sociale ». Nous ferons nôtres les mots de Pierre Mendès France : « La République doit se construire sans cesse car nous la concevons éternellement révolutionnaire, à l'encontre de l'inégalité, de l'oppression, de la misère, de la routine, des préjugés, éternellement inachevée, tant qu'il reste des progrès à accomplir. » Il y aura toujours « des progrès à accomplir » et la République restera un chantier. Invoquer la République sans poursuivre les travaux de l'émancipation, c'est l'enterrer en la célébrant. La France compte plus de dix millions de pauvres, mais ses milliardaires se portent merveilleusement : en dix ans, leur patrimoine a augmenté de 439 % et c'est un record du monde ! Leur fortune s'est accrue trois fois plus vite que celles de leurs équivalents américains, allemands ou britanniques. Notons aussi que les milliardaires français sont bien plus qu'ailleurs des héritiers (80 %), c'est-à-dire des gens dont le principal mérite fut de naître. Pareille fossilisation des inégalités en privilèges n'est le produit d'aucune fatalité, mais du renoncement à l'idéal républicain. Nous remplacerons la « main invisible » du marché par celle, bien visible, de la puissance publique.

« Remettre de la République partout », c'est faire de l'éradication de la misère l'horizon de la politique, dans les pas de Victor Hugo : « Je ne dis pas diminuer, amoindrir, limiter, circonscrire la misère, je dis détruire. Les législateurs et les gouvernants doivent y songer sans cesse, car en pareille matière, tant que le possible n'est pas fait, le devoir n'est pas accompli. » Le 30 mars dernier, j'ai été à l'hommage du collectif « les Morts de la Rue » à celles et ceux qui ont péri sans toit ni droit en 2020. Autour des Buttes-Chaumont, 535 noms, un enfant de 5 ans et un vieillard de 80 ans accusaient la République d'abandon. Chaque Président promet de loger les sans-abri avec des trémolos dans la voix depuis trente ans, puis renonce piteusement. Chaque hiver, on redécouvre que des gens meurent sous nos ponts et en bas de nos immeubles. La manière dont une société traite ses marges définit ce qu'elle est en son cœur. Nous veillerons à redonner un cœur républicain au corps social français.

Pour une cité républicaine

1. Un nouveau contrat pour la jeunesse

Nous instaurerons un service civique obligatoire et universel : tout Français, entre ses 18 et ses 25 ans, fera un service civique de 10 mois, rémunéré au SMIC, dans un autre département que son lieu de résidence. Il choisira son domaine d'action parmi l'éventail proposé par l'autorité publique, depuis la transition écologique jusqu'à l'aide aux personnes dépendantes, en passant par l'armée ou la police. À la fin de son service, chaque jeune recevra un capital de 30 000 euros, destiné à assurer son autonomie au début de sa vie d'adulte. Des retraités volontaires l'aideront s'il le souhaite à mettre en place un projet avec ce capital qui sera son héritage républicain.

2. La lutte contre les discriminations sexistes et racistes

Nous lancerons un grand plan contre les violences faites aux femmes, inspiré par les « mesures de protection intégrale contre la violence de genre » prises par le gouvernement espagnol dès 2004, en associant les associations et en mettant sur la table les moyens qu'elles réclament jusqu'ici en vain. Toujours inspirés par l'Espagne, nous mettrons en place un congé paternité obligatoire de 16 semaines. Nous confierons au défenseur des droits la mission de lutter contre les discriminations raciales et nous mettrons enfin en place un récépissé de contrôle d'identité afin de permettre une traçabilité des contrôles.

3. Le logement d'abord

Le logement représente de loin le premier poste de dépenses pour les ménages les plus modestes. Nous étendrons l'encadrement des loyers à toutes les zones sous tension. Nous augmenterons les APL et mènerons une politique agressive de mixité sociale. Nous mettrons en place un programme « Logement d'abord » inspiré par celui appliqué en Finlande : l'État finlandais loge gratuitement les sans-abri jusqu'à leur réinsertion dans le monde du travail. La fin des frais engendrés par la vie dans la rue – frais d'hospitalisation, frais de justice, frais d'hébergement d'urgence... – fait que ce programme ne coûte *in fine* rien à la collectivité : nous allons montrer que le pari de la solidarité est rentable !

4. La garantie emploi

Nous généraliserons l'expérimentation « territoires zéro chômeur » portée depuis cinq ans par ATD Quart-Monde, fondée sur trois principes simples : 1/personne n'est inemployable ; 2/la privation d'emploi coûte plus cher que la création d'emploi ; 3/ce n'est pas le travail qui manque. Nous proposerons à tout chômeur de longue durée un emploi à durée indéterminée en développant et finançant des activités utiles et non concurrentes des emplois existants pour répondre aux besoins des divers acteurs de nos territoires : habitants, entreprises, institutions... Des entreprises à but d'emploi (EBE) seront créées pour embaucher les chômeurs.

5. La justice fiscale

Au lieu de rétablir l'ancien ISF, nous instaurerons une nouvelle taxe sur les grandes fortunes : chaque année, les plus riches contribueront à hauteur de 2 % de leur capital au-delà de 50 millions d'euros et à 6 % au-delà d'un milliard d'euros[1]. Cette taxe permettra de

1. Projet établi en collaboration avec l'économiste Gabriel Zucman, professeur à l'Université de Berkeley.

rapporter près de 20 milliards d'euros par an à l'État, et de financer l'héritage républicain comme le service civique. Pour éviter l'expatriation fiscale, à l'instar des États-Unis, nous taxerons les Français non-résidents pendant les dix ans qui suivent leur départ. Nous ferons de la lutte contre l'évasion fiscale une grande cause nationale. À l'échelle européenne, 11 % du patrimoine financier des ménages sont placés dans des paradis fiscaux et la France à elle seule perd de 80 à 100 milliards de recettes fiscales par an à cause de l'évasion. Un nouveau traité européen sera négocié sur cette seule question.

IV. Nous proclamerons la République écologique !

Qu'est-ce qui cloche, au fond, avec l'écologie ? Pourquoi la grande transformation que l'on sait inéluctable est-elle sans cesse repoussée ?

Nous sommes le 13 novembre 2017, 15 000 scientifiques venant de 184 pays tirent la sonnette d'alarme dans la revue *Bioscience* : « Il sera bientôt trop tard ! » *Le Monde* consacre toute sa une à leur cri, les JT ouvrent sur leur appel, le ronron politico-médiatique est ébranlé. Enfin, notre société semble prendre conscience de la gravité de la situation. Pendant 48 heures. Quelques jours plus tard, le débat se focalise sur un autre événement, les prédictions et les mesures des 15 000 scientifiques sont zappées, tout retourne à la « normale ». La fin du monde a capté un temps l'attention, puis l'a perdue, sans que rien n'ait changé. Pourquoi ?

Nous sommes le 4 octobre 2019, 150 citoyens français tirés au sort se réunissent pour répondre à cette question : « Comment réduire les émissions de gaz à effet de serre d'au moins 40 % d'ici 2030, dans un esprit de justice sociale ? » Pendant huit mois, ils travaillent autour de cinq axes : la consommation, la production, le déplacement, le logement et l'alimentation. La Convention citoyenne pour le climat est un succès démocratique et propose un programme réaliste. Emmanuel Macron revient pourtant sur sa promesse de reprendre « sans filtre » ses propositions et fait comme si l'expérience qu'il a lui-même lancée n'était qu'un événement mineur, sans conséquence réelle. Pourquoi ?

Nous sommes le 29 mars 2021, six jeunes écolos obstinés – Hugo, Lou, Stacy, Mathis, Julie et Camille – refusent de laisser enterrer les propositions de la Convention citoyenne et se relaient devant l'Assemblée nationale pour essayer de convaincre les députés de les intégrer dans la loi Climat qu'ils s'apprêtent à voter. Des élus viennent, écoutent, répondent, prennent des notes. L'ambiance est bon enfant. Le 11 avril, la Préfecture de Paris interdit pourtant le rassemblement. Les six activistes ne renoncent pas et décident de faire du sport autour du bâtiment… En baskets et survêtements, ils invitent les députés à les suivre pour continuer à échanger. La police intervient et les verbalise. Ils prennent alors des vélib' et pédalent autour de l'Assemblée. Leur obstination joyeuse fait le « buzz », les médias s'en emparent, les soutiens s'accumulent et la Préfecture cède. Le rassemblement est autorisé. Puis à nouveau interdit le lendemain. La petite bande porte alors l'affaire devant la justice, qui lui donne raison. Elle a vaincu le préfet Lallement et prouvé que la France restait une démocratie. Mais, lorsque les députés adoptent la loi Climat et résilience quelques jours plus tard, c'est la douche froide : seules 15 des 149 propositions de la Convention citoyenne sont reprises intégralement. Une fois de plus, votre mobilisation se heurte à un mur. Pourquoi ?

Pourquoi vos interpellations ne sont-elles pas entendues ? Pourquoi les mesures proposées par la Convention citoyenne sont-elles à ce point édulcorées ? Pourquoi les alertes des climatologues ne sont-elles pas prises au sérieux ? Pourquoi l'alarme écologique sonne-t-elle dans le vide ?

Nous avons vu en 2020 que nos dirigeants pouvaient suivre les recommandations des scientifiques et mettre l'économie mondiale en pause pour lutter contre un virus. Pourquoi écouter les épidémiologistes et ignorer les climatologues ? La réponse est simple : la proximité du désastre importe plus que son ampleur. Malgré les incendies apocalyptiques en Californie ou en Australie, malgré les inondations catastrophiques en Allemagne ou en Belgique, malgré les sécheresses partout, malgré les millions de réfugiés déjà sur les routes, l'effondrement climatique paraît plus lointain aux yeux de nos dirigeants que la saturation des services de réanimation à cause du Covid. Et dans notre univers politico-médiatique de poissons rouges, tant qu'on pense pouvoir survivre sans changer, on ne change pas, on zappe. Et quand il ne sera physiquement plus possible de repousser les transformations nécessaires, il sera trop tard. C'est le dilemme tragique de la lutte contre le dérèglement climatique.

Elle exige de nos dirigeants quelque chose de contre nature : investir leur capital politique dans des mesures difficiles et coûteuses dont l'effet sur le climat ne sera tangible que dans dix ans. Sa temporalité n'est pas celle d'une vie démocratique rythmée par des échéances électorales rapprochées. Vos marches restent sans suite, la Convention citoyenne est lancée en fanfare et trahie en catimini, les alertes des climatologues sont ignorées parce que la transformation écologique ne semble pas politiquement rentable. Voilà ce que nous devons changer.

La conscience de l'inéluctable ne suffit pas. L'horizon tragique de la catastrophe non plus. Nous devons montrer que l'écologie prend en charge les peurs, les angoisses, les aspirations qui traversent nos cités. *Ici et maintenant.* Pas seulement sur les questions comme la qualité de l'air, la pollution ou la biodiversité : de façon globale. La transformation écologique ne se fera pas simplement parce qu'elle est nécessaire. Elle se fera si nous la rendons enthousiasmante et si elle répond aux demandes de nos concitoyens *ici et maintenant.* Au lieu de « dépolitiser » l'écologie, il faut au contraire en faire la grande épopée politique du XXIe siècle.

Face à l'explosion des inégalités, nous avons besoin *ici et maintenant* de justice sociale : l'écologie annonce la revanche des dominés. Comme le déclare le milliardaire américain Warren Buffett : « Il y a bien une lutte des classes et c'est ma classe, celle des riches, qui fait la guerre et la gagne. » Nous ferons donc payer aux vainqueurs de l'époque les transformations nécessaires à la survie de tous. Arrêtons avec la quête irénique du consensus universel. Tous les humains ne se donneront pas la main pour « sauver la planète ». La transition écologique, comme toute mutation d'importance, fera des gagnants et des perdants. Ne le cachons pas, revendiquons-le au contraire. Les gagnants seront infiniment plus nombreux que les perdants. Surtout, ce sont les perdants actuels qui seront gagnants. Et vice versa. Les plus riches polluent le plus et les plus pauvres souffrent le plus de la pollution. Le récit écologiste doit partir de cette injustice. Chaque limite réintroduite dans la société sera alors perçue comme une victoire contre la démesure des rois de l'époque.

Face à la corruption de nos cités, nous avons besoin *ici et maintenant* de montrer que le politique peut s'émanciper des lobbies : l'écologie suppose de mettre au pas les intérêts particuliers au nom de l'intérêt général. Il n'y a pas de récit politique mobilisateur sans ennemi puissant. Or, les ennemis de la transformation écologiques sont très puissants. Donc très mobilisateurs. Selon le rapport «The Carbon Majors Database» de l'ONG Carbon Disclosure Project (CDP), 100 entreprises liées à l'extraction d'énergie fossile portent la responsabilité de 71 % des émissions mondiales de gaz à effet de serre depuis 1988. La Saudi Arabian Oil Company (Aramco), Gazprom, Exxon, Shell, BP, Chevron, le Shensha Group, la China National Coal ou Total font payer le prix climatique de leurs profits à plus de sept milliards de personnes. Selon leurs propres prévisions sur les 30 prochaines années, les émissions de gaz à effet de serre liées à leurs extractions seront à elles seules cinq fois supérieures au niveau global d'émissions qui permettrait d'atteindre l'objectif d'un réchauffement limité à deux degrés. Il nous faudra donc les prendre de front. Les acculer. Les contraindre. Loin d'être un conte pour enfants, l'écologie est un sport de combat. Exactement ce qu'il faut pour redonner vie à la vision républicaine de la politique.

Face au délitement civique, nous avons besoin *ici et maintenant* d'autorité : l'écologie rétablit le sens de l'État. Notre agenda de transformation redonnera du pouvoir au pouvoir. À nouveau, la puissance publique pourra organiser le territoire et planifier le développement socio-économique. La main politique dont parle Machiavel dans ses *Discours sur la première décade de Tite-Live*, cette main qui tranche dans le vif lorsque la matière sociale est trop corrompue pour permettre à la république de tenir, sera réarmée et relégitimée. Assumons le débat sur l'écologie dite « punitive ». Les citoyens ne refusent pas a priori la contrainte, ils demandent qu'elle soit juste. L'insurrection des Gilets jaunes contre la taxe carbone est une révolte face à l'injustice : comment accepter qu'on fasse payer la transition écologique à ceux qui ont besoin de leur voiture pour aller travailler alors que les actionnaires de Total continuent à s'enrichir et que les banques continuent à financer librement les activités les plus polluantes ? La contrainte publique est acceptable, et même désirable aux yeux d'une majorité de la population dès lors qu'elle s'applique d'abord aux plus puissants.

Face au triomphe du fatalisme, nous avons besoin *ici et maintenant* de reprendre le contrôle : l'écologie met fin au grand déménagement du monde. Elle réhabilite des mots proscrits comme le protectionnisme. Pour respecter l'esprit et la lettre de l'Accord de Paris de 2015, il nous faudra rompre avec l'esprit et la lettre de la charte de Marrakech qui institua l'OMC. Mécanisme d'ajustement carbone aux frontières, Buy European Act, Made in Europe Act : loin du rêve d'une société postindustrielle, loin de la tentation de l'externalisation de la pollution – en gros : les biens que nous consommons peuvent polluer tant qu'ils sont fabriqués ailleurs –, la transformation écologique que nous proposons suppose de rapatrier la production sur notre sol. Elle sera à l'origine d'une vague de création d'emplois sans précédent, de l'agriculture à l'économie circulaire, en passant par l'industrie. Oui, l'industrie. Notre écologie sera porteuse d'un grand projet industriel et nous rendra l'autonomie que nous avons perdue. Elle ne nous fera pas sortir de l'Histoire comme on l'entend parfois. Au contraire, elle nous y plongera à nouveau.

Face à la déprime française, nous avons besoin de redonner *ici et maintenant* un horizon enthousiasmant à notre nation : l'écologie est la dernière idéologie universaliste. Nous placerons la France à l'avant-garde de cette nouvelle épopée cosmopolitique qu'est la lutte contre le réchauffement climatique. Notre peuple a soif de grandeur et de reconnaissance : qu'y a-t-il de plus grand, de plus noble, de plus gratifiant que la sauvegarde du monde ? Loin des polémiques picrocholines sur les sapins de Noël, notre récit s'inscrira dans la lignée des révolutions politiques, culturelles, sociales qui ont façonné l'Histoire de France. L'écologie est l'horizon épique qui permettra à notre nation d'être à nouveau fière d'elle-même.

Face à la débâcle des idéaux progressistes, nous avons besoin *ici et maintenant* d'un nouveau projet de civilisation : l'écologie est l'humanisme du XXIe siècle. Depuis des siècles, l'individu occidental vit coupé de son environnement. Il s'est placé face à la nature comme Dieu face à la feuille blanche du premier jour. Nos modes de production, de consommation, d'alimentation, de vie : tout ou presque dans nos sociétés découle de ce séparatisme originel. Cet humanisme-ci est à bout de souffle. Un immense défi nous attend : revenir aux sources de la civilisation européenne, redéfinir l'humanisme qui la sous-tend en repensant notre rapport à la nature et à nous-mêmes, en s'intéressant aux autres êtres sensibles qui habitent avec nous l'*oikos*, la maison commune. Le renoncement à l'arrogance solitaire de l'homme-Dieu et la redécouverte des solidarités qui structurent le vivant ouvrent une nouvelle ère. Qu'y a-t-il de moins déprimant et de plus excitant qu'une telle perspective ? On dépasse là le cadre de la politique. Ou plutôt on retrouve la dimension civilisationnelle de la politique. L'écologie est un projet de civilisation, c'est-à-dire précisément ce qui manque à la France et à l'Europe aujourd'hui.

Le philosophe Claude Lefort voyait les droits de l'homme comme « la condition nécessaire et non suffisante d'un monde habitable par tous ». « Nécessaires » car sans eux, nous sombrons dans la barbarie. « Non suffisants » car ils ne forment pas en eux-mêmes une politique générale. Ils ne peuvent vivre sans sol ni toit : l'écologie leur fournit ce sol et ce toit. Le mariage de l'écologie – le souci de la maison commune – et de l'humanisme – le souci de chaque être humain qui l'habite – sera l'horizon de notre cité. Il n'a rien d'utopique. C'est même le seul horizon réaliste si l'on ne se résigne pas à mourir. Alors soyons réalistes, changeons le monde !

Pour une cité écologique

1. L'énergie

Conscients que la lutte contre le dérèglement climatique est globale ou n'est pas, nous arrêterons de systématiquement externaliser notre pollution. Pour produire plus chez nous, nous aurons besoin d'énergies décarbonées. La sobriété est fondamentale, mais elle ne résoudra pas tout : la transition énergétique sera le grand défi de notre temps. Radicaux sur les objectifs et pragmatiques sur les moyens, nous sortirons de la religion française du tout nucléaire sans proclamer de date de sortie irréaliste, refusant de faire comme l'Allemagne et d'accepter le moindre passage par les énergies fossiles. Le nucléaire n'est pas la solution à long terme et nous cesserons les investissements à fonds perdu dans les EPR, mais il doit être considéré comme une énergie décarbonée de transition. Le plan d'investissement massif dans les renouvelables s'accompagnera d'un effort industriel titanesque pour éviter qu'il n'accroisse encore notre dépendance à l'égard de la Chine, et d'un grand plan européen pour la recherche, afin de développer des moyens de production d'énergie toujours plus efficaces.

2. Le logement

Le secteur du bâtiment, qui représente 44 % de l'énergie consommée en France, est responsable de plus d'un tiers des émissions de gaz à effet de serre dans l'UE (36 %). Des millions de familles européennes vivent dans des passoires thermiques et voient leurs factures de gaz et d'électricité grever leur budget. Nous déploierons un plan ambitieux de rénovation des logements et des bâtiments, publics et privés, pour réduire leurs émissions, protéger notre santé et faire économiser jusqu'à 1 000 euros par an aux ménages sur leurs dépenses de chauffage. Nous générerons ainsi une vague de création d'emplois non-délocalisables.

3. L'agriculture et l'alimentation

La politique agricole commune (PAC) a trop longtemps subventionné l'hectare et la production, elle doit désormais subventionner l'emploi et le producteur. Elle assurera un revenu fixe aux agriculteurs qui s'engagent sur la voie de la transition écologique. Nous viserons l'abandon des pesticides de synthèse à l'horizon 2030. Nous soutiendrons massivement les circuits courts et la transition vers le bio. Les cantines publiques devront proposer des produits bio et locaux, ainsi qu'un choix de menu végétarien quotidien. Nous exigerons un étiquetage obligatoire des produits alimentaires qui renseigne sur l'empreinte climat et biodiversité (mode de production, origine, transport, etc.) et sur la présence de substances toxiques.

4. Les transports

Nous accélérerons le rythme de la sortie de la technologie des moteurs à explosion. Nous aiderons l'industrie automobile dans sa transition, mais nous favoriserons le basculement vers les transports collectifs. À travers la question des transports, on comprend bien que la transformation écologique est d'abord une mutation culturelle, remettant en cause l'individualisation de nos sociétés. Nous taxerons le kérosène sur tous les vols intra-européens et nous interdirons les vols nationaux avec équivalent ferroviaire de moins de quatre heures. Cette interdiction sera indexée sur le lancement d'un plan ferroviaire de désenclavement territorial, des grandes aux petites lignes.

5. Le financement de la transition

Vous aurez noté l'emploi répété de l'adverbe « massivement » : oui, des investissements massifs sont nécessaires. Pour les financer, nous supprimerons toutes les subventions toxiques, lutterons d'arrache-pied contre l'évasion fiscale, mettrons en place un grand pacte finance-climat et biodiversité (lancement d'un impôt européen sur les bénéfices des sociétés et d'une banque européenne pour le climat qui finance la transition écologique grâce à des prêts à taux privilégiés : 400 milliards mobilisés chaque année en Europe). Avant même la renégociation des traités, nous sortirons les investissements dans la transformation écologique du calcul des 3 % de déficits en Europe car il ne s'agit pas de dépenses classiques, mais de l'investissement dans la chose la plus importante qui soit : la survie de notre monde.

6. Le vivant

La sortie de l'anthropocène - qui consacre l'être humain maître et possesseur de la nature - est une révolution philosophique et un changement de civilisation. Elle se traduit par de nombreuses mesures à prendre immédiatement : nous placerons la connaissance du vivant au cœur des parcours éducatifs ; nous bloquerons l'artificialisation nette des sols ; nous associerons systématiquement à la dimension alimentaire de la PAC l'objectif de préservation de la biodiversité ; nous mettrons fin aux subventions à la pêche industrielle qui détruit la vie océanique, nous réviserons les quotas de pêches, nous interdirons la chasse de toute espèce menacée ; nous rendrons illégal le commerce lié à la déforestation grâce aux critères environnementaux du devoir de vigilance des entreprises ; nous développerons massivement les espaces naturels protégés et les zones de non-maîtrise humaine de l'espace. Chaque politique publique verra son impact sur la biodiversité devenir un critère essentiel de validation.

Conclusion

Vous avez été 8 sur 10 à vous abstenir lors des élections régionales de juin 2021 : c'est un Tchernobyl démocratique.

Je comprends votre frustration et votre colère. Ce sont cette frustration et cette colère qui m'ont poussé à m'engager, à lancer Place publique, à être candidat aux élections européennes, à me battre au Parlement.

Elles peuvent vous conduire soit à tourner la tête avec dégoût, soit à foncer dans le tas. Alors foncez !

Puisez en elles l'énergie suffisante, la force nécessaire pour changer la donne. Mettez-les au service d'idéaux et de projets plus grands que vous, plus grands que nous.

L'indifférence et la résignation seules sont mortifères. Ne vous désintéressez pas de votre propre avenir. Ne vous résignez pas. Ne devenez pas cyniques avant d'avoir essayé l'idéalisme. Ne soyez pas vieux avant d'avoir été jeunes.

Je n'ai qu'un objectif en politique : redonner à la démocratie sa jeunesse perdue, sa puissance et sa beauté.

Pour cela, vous êtes la clé, la seule clé.

À votre tour maintenant ! C'est l'heure. Votre heure.

Étonnez la France et elle étonnera le monde.

Bibliographie

Ce texte fut évidemment nourri de lectures. Au cours du voyage, vous avez rencontré :

Alfred de Musset, *La Confession d'un enfant du siècle*

Paul Nizan, *Aden Arabie,* La Découverte, 2002 (1931)

Molière, *Le Tartuffe*

Hegel, *Principes de la philosophie du droit*

Rapport spécial sur une relance durable de l'AIE et du FMI, 2020

Pierre Corneille, *Attila*

Pierre Corneille, *Cinna*

William Shakespeare, *Hamlet*

Charles Baudelaire, *Les Fleurs du Mal*

René Descartes, *Discours de la Méthode*

Étienne de La Boétie, *Discours de la servitude volontaire*

Srdja Popovic, *Comment faire tomber un dictateur quand on est seul, tout petit et sans armes*, Payot, 2017

Polybe, *Histoires*

Euripide, *Les Phéniciennes*

Michel Foucault, *Le courage de la vérité. Le gouvernement de soi et des autres. Cours au Collège de France*, Seuil, 1984

Georges Bernanos, *Les grands cimetières sous la lune*

Jean Bodin, *Les Six Livres de la République*

William Shakespeare, *Richard II*

William Shakespeare, *Richard III*

Alexis de Tocqueville, *L'Ancien Régime et la Révolution*

Dostoïevski, *Les Frères Karamazov*

André Glucksmann, *Cynisme et Passion*, Grasset, 1981

Emmanuel Kant, *Qu'est-ce que les Lumières ?*

Nicolas Machiavel, *Discours sur la Première décade de Tite-Live*

Loïc Blondiaux et collectif, *Le Référendum d'initiative citoyenne délibératif,* Terra Nova, 2019

Julia Cagé, *Libres et égaux en voix*, Fayard, 2020

Pierre Mendès France, *La République moderne*, Gallimard, 1966

Serge Audier, *La cité écologique, pour un éco-républicanisme*, La Découverte, 2020

Remerciements

Merci à mes deux fils, mes soleils et mes lunes, mes princes de cœur et mes copains de jeux,

Merci à celle qui, amoureusement en désaccord, éclaire mes jours et mes nuits,

Merci à mes amis avec lesquels je n'ai plus le temps de sortir, de rire et de dîner, qui me manquent et me pardonnent,

Merci à Fanfan et Glucks, pour ce dialogue, si beau depuis le premier jour, qui continue dans la présence comme dans l'absence et ne s'interrompra jamais,

Merci à Guillaume, mon éditeur, à Laurence et à toute cette belle maison Allary que je ne quitterais pour rien au monde,

Merci à mon grand petit-frère Pierre, à Caroline, à Chloé, à Charles et à Alice, l'équipe bruxello-strasbourgo-parisiano-clermontoise sans laquelle rien, vraiment rien, ne serait possible,

Merci à Dilnur et à toutes les femmes ouïghoures, si actives pour que leur peuple ne sombre pas dans le néant et l'oubli,

Merci aux adhérentes et aux adhérents de Place publique, ma famille politique, qui gardent la foi des origines et veillent sur la flamme de l'avenir, contre vents et marées,

Merci aux militantes et aux militants socialistes qui firent la campagne « Envie d'Europe », sans lesquels aucun de ces combats n'aurait eu lieu au Parlement et auxquels je promets d'être meilleur la prochaine fois,

Merci à toutes celles et tous ceux qui ont soutenu, relayé, animé nos luttes ces deux dernières années et ont ouvert un chemin qui n'en est qu'à ses prémices, mais qui nous mènera loin, très loin.

Table des matières

www.allary-editions.fr

Ouvrage composé en Plantin
par Dominique Guilaumin, Paris

Création graphique de la couverture : Raphaëlle Faguer

Cet ouvrage a été imprimé sur du papier issu
de forêts gérées de manière responsable.

FSC
www.fsc.org
MIXTE
Papier issu de
sources responsables
FSC® C003309

ISBN :978-2-37073-140-1

Achevé d'imprimer en France par
Normandie Roto Impression s.a.s.
61250 Lonrai

--

N° d'impression : 2001691

Dépôt légal : août 2021